Gelsenkirchen

Birgit Salutzki

Stadtgespräche aus
Gelsenkirchen

Birgit Salutzki

GMEINER KULTUR

Besuchen Sie uns im Internet:
www.gmeiner-verlag.de

© 2015 – Gmeiner-Verlag GmbH
Im Ehnried 5, 88605 Meßkirch
Telefon 07575 / 2095 - 0
info@gmeiner-verlag.de
Alle Rechte vorbehalten
1. Auflage 2015

Lektorat / Redaktion: Ricarda Dück
Satz: Julia Franze
Umschlaggestaltung / Bildbearbeitung: Alexander Somogyi
Kartendesign: Benjamin Arnold
Druck: AZ Druck und Datentechnik GmbH, Kempten
Printed in Germany
ISBN 978-3-8392-1715-3

Es war Liebe auf den ersten Blick
Gerald Asamoah läuft ins Parkstadion ein

Es gibt wenige Fußballspieler, die von den Anhängern ihres Vereins so geliebt werden, dass sie auch nach einem Wechsel frenetisch gefeiert werden. Gerald Asamoah – oder »Blondie«, wie Schalker Fans ihn liebevoll nennen – ist einer von ihnen. Das Geheimnis des Fußballers, dessen sportliche Karriere im 1967 erbauten Parkstadion ihren Anfang nahm, ist eine unbändige Leidenschaft, die jeden mitreißt, der ihm begegnet.

Birgit Salutzki: Der Legende nach orientierte sich Ihr Vater bei der Wahl Ihres Vornamens an dem amerikanischen Präsidenten Gerald Ford und legte Ihnen somit den Erfolg in die Wiege. Welchen Anteil hat Ihre Familie an Ihrer Karriere?

Gerald Asamoah: Meine Eltern haben einen großen Beitrag daran, dass ich es geschafft habe. Zunächst glaubten sie nicht an mich, weil sie nichts von Fußball hielten. Im Nachhinein, als sie merkten, dass es in die richtige Richtung geht, bekam ich Unterstützung. Egal, was passiert, meine Familie gibt mir Halt. Das ist schön.

Viele junge Männer träumen von einem Leben als Fußballstar. Was machte Sie sicher, dass Sie dieses Ziel erreichen?

Es gehört viel Glück dazu. Vielleicht gibt es bessere Spieler als mich, die es nicht geschafft haben. Man muss seinen Traum leben, mit sich im Reinen sein, um sagen zu können: »Ich habe alles getan, damit ich dieses Ziel erreiche.« Es war nicht immer einfach. Ich habe auf vieles verzichtet, was hätte Spaß machen können.

Als Sie 1999 zum ersten Mal das Parkstadion betraten, wussten einige Fußballer sofort, dass Sie das Potenzial zum Idol haben. Was waren Ihre Gedanken, als Sie für den Club mit Legenden wie Olaf Thon, Oliver Reck und Ingo Anderbrügge aufliefen?

Für mich war das eine Umstellung. Ich bin in Hannover aufgewachsen, spielte dort in der Jugend. Danach waren viele Vereine an mir interessiert. Letztendlich bewegte mich Rudi Assauer dazu, hierher zu kommen. Sicher wusste ich, dass der FC Schalke 04 ein großer

Gerald Asamoah spielt für die U23

Club ist, aber mir war nicht bewusst, was das bedeutet. Du kennst die Sportler aus dem Fernsehen, neben denen du auf einmal in der Kabine sitzt. Da bist du eine kleine Maus. Ich war 20, es war für mich ein Highlight, hier zu sein. Allein die Menschenmassen im Stadion, so was kannte ich noch nicht. Es war ein einmaliges Gefühl, als die Mannschaft damals in das Parkstadion einlief und ich dazugehörte.

Nicht nur Ihre robuste Spielweise, bei der es keinen Zweifel gibt, dass Sie alles für den Verein geben, sondern auch Ihre ansteckend gute Laune machten Sie schnell zum Liebling der Zuschauer. Was lieben Sie an den Fans?

Es war Liebe auf den ersten Blick. Die Fans sind einmalig, akzeptieren dich, wie du bist. Die wollen sehen, dass du alles für den Club tust. Wenn ich da raus gehe, nennen sie mich nicht Asamoah, sondern »Asa« oder »Blondie«, das verbindet. Die Schalker lieben den Club, gehen mit ihm durch Dick und Dünn. Sie leiden, wenn wir leiden, feuern uns trotzdem jedes Wochenende im Stadion an. Wenn man jahrelang hier ist, entsteht eine Freundschaft. Das hat mich geprägt.

Mit Ihrer Aussage, dass Sie Schalker sind, selbst als Sie später bei anderen Vereinen aufliefen, wurden Sie endgültig zur Kultfigur. Was macht für Sie den Mythos aus?
Man behauptet, für viele Leute sei der FC Schalke 04 eine Religion. Für mich ist er eine Familie, bei dem ich mich wohlfühle. Schon als ich 1999 hierher kam, merkte ich das. Später wechselte ich, doch ich wusste immer, wo meine Heimat ist. Dass ich mein gewohntes Umfeld vermisste, wurde mir erst bei meinem Transfer zum FC St. Pauli bewusst. Das hat wehgetan. Deshalb war es das Schönste, als ich mit meinem damaligen Verein während der Bundesligasaison hierhin zurückkam, und die Anhänger mich feierten. Da wusste ich, wo mein Herz hingehört.

Bereits 1998 warfen Sie Herz- und Kreislaufprobleme in Ihrer Laufbahn zurück, doch Sie kämpften für Ihr Recht, auf die Art zu leben, wie Sie es geplant hatten. Tatsächlich erlaubten Ihnen die Ärzte, weiter Sport auszuüben. Sie nahmen sogar als deutscher Nationalspieler am Endspiel der EM 2002 teil. Was gab Ihnen die Kraft?
Mein starker Glaube. Ich hatte das Ziel, als Fußballer in der Ersten Liga zu kicken und Nationalspieler zu werden. Als ich 19 war, entdeckten Ärzte meine Krankheit. Ich hätte den Sport aufgeben können, doch mein ganzes Leben ist von positivem Denken geprägt. Das hat mich dazu bewegt, weiterzumachen. Die Bibel sagt, wenn eine Tür zugeht, geht eine andere auf. Ich habe angefangen, viel zu beten. Später durfte ich wieder auf den Platz. Natürlich gibt es immer noch ein Gesundheitsrisiko, aber es geht mir gut. Wenn man etwas liebt, gibt man es nicht so einfach auf.

Anfang 2014 wurde Ihnen der »Impose Charity Award« verliehen, ein Preis, der Ihr jahrelanges Bemühen würdigt, herzkranken Kindern ein Lächeln ins Gesicht zu zaubern. Wie sieht Ihre Tätigkeit aus? Was ist Ihnen besonders in Erinnerung geblieben?

GERALD ASAMOAH

»Dieser Weg wird kein leichter sein...«
Mein Leben und ich

HERBiG

Die Autobiografie des Fußballers

Dass ich diesen Preis erhalte, hätte ich nie gedacht. Diese Anerkennung hat mich sehr berührt. Was ich tue, ist für mich eine Herzensangelegenheit. Ich habe mir einst geschworen, wenn es mir gut gehen sollte, etwas zurückzugeben. Ich weiß, wie es mir damals ging, als ich die Diagnose erfuhr. Trotz meines Herzfehlers habe ich mein Leben geschafft. Deswegen wollte ich für junge Leute ein Vorbild sein, ihnen zeigen, dass man auch mit einem Handicap etwas im Leben erreichen kann. Eine Geschichte ist mir sehr nahegegangen. Es gibt ein Mädel, das ich aus Ghana nach Deutschland geholt hatte, damit sie in Hannover am Herzen operiert werden konnte. Hannah. Ich fuhr ins Krankenhaus, um sie zu besuchen und ihr ein paar Trikots zu bringen. Die Kleine war einmalig, hat mich direkt Onkel genannt. (*schmunzelt*) Man kann sich nicht vorstellen, wie schön es war, diese Fröhlichkeit des Kindes zu sehen. Das werde ich nie vergessen. Nach der Behandlung musste sie nach Afrika zurückfliegen. Meine Familie konnte sich nicht verabschieden, sonst wäre der Trennungsschmerz für das Mädchen zu groß gewesen. Wir haben uns sogar verstecken müssen. Sie nicht noch mal zu sehen, hat wehgetan. Das Beste ist aber, dass wir diesen Kontakt aufrechterhalten haben. Wenn wir in Ghana sind, kommt die Familie für ein paar Tage zu uns, und Hannah beschäftigt sich mit meinen Kindern. Das ist mir wichtig.

Ihr Name steht für faires Miteinander und kulturelle Vielfalt im Sport, etwas, das in einer multikulturellen Stadt wie Gelsenkirchen selbstverständlich sein sollte. Wo setzen Sie bei diesem Engagement an? Was ist Ihr Ziel?

Ich setze mich gegen Rassismus ein, weil ich ihn selbst durchlebt habe. Ich habe Angst, dass meinen Kindern dasselbe passiert, sie denselben Anfeindungen ausgesetzt sind. Deswegen unterstütze ich Aktionen wie »Schule gegen Rassismus – Schule mit Courage«, um junge Leute zu erreichen. Kinder sind die Zukunft, mit denen muss man reden. Mein Ansatz ist: Wir sind alle gleich, egal, welchen Hautton man hat. Es schmerzt, dass Rassismus noch ein Thema ist.

2013 erschien Ihr Buch »Dieser Weg wird kein leichter sein« im Herbig-Verlag. Was gab den Ausschlag für Ihre Autobiografie?

Der Entschluss kam, als ich während der WM 2010 in Südafrika mit Peter Großmann als Moderator für die ARD arbeitete. Dort erzählte ich von meinem Leben. Als wir zurück in Deutschland waren, fragte er, wann wir uns treffen könnten, er würde gerne mit mir ein Buch schreiben. Dabei sollte es um mein Leben gehen, wie ich aufgewachsen bin, was ich durchlebt habe, warum ich lache. So kam es zu der Zusammenarbeit. Meine Message ist: Egal, wie viel ich durchgemacht habe, ich habe in meinem Herzen immer an meinem Traum festgehalten und mich auf das Positive besonnen.

Familie, Charity, Marketing, Sport, Platten auflegen – Ihr Leben ist reich an Facetten. Gibt es einen Wunsch in der Zukunft, den Sie sich erfüllen möchten?

Was ich wirklich gerne machen würde, ist einmal bei der RTL-Serie »Gute Zeiten, schlechte Zeiten« aufzutreten. Das würde mich reizen. Früher habe ich die Serie im Hotel geguckt. Samstagmorgens gab es die Wiederholungen der ganzen Woche. Dann lag ich im Bett, und habe alle Folgen angeguckt. (*lacht*)

PARKSTADION
KURT-SCHUMACHER-STRASSE 284A
45891 GELSENKIRCHEN
WWW.SCHALKE04.DE

Als ihn 1997 der Förderkorb der Zeche Hugo in die Tiefe hinabließ, war eigentlich fast alles wie immer. Aber nur fast. Eingepackt in die schwere Montur eines Bergmannes, Helm mit Grubenlampe auf dem Kopf, das Gesicht kohlegeschwärzt, begab sich Detlef »Magic« Lauster unter Tage. 20 Kumpels drängten sich neben ihm auf der von Stahlgittern umgebenen Plattform. Je weiter sie in die Grube einfuhren, desto höher stiegen die Temperaturen. Bei ihrer Ankunft in einer Tiefe von 759 Metern war kein Tageslicht mehr zu sehen. Für die anderen Männer nichts Ungewöhnliches, denn hier malochten sie jeden Tag. Der ehemalige Schlosser jedoch hatte den Schraubenschlüssel neun Jahre zuvor gegen ein Mikrofon eingetauscht, um Lieder über die Region, den Pütt und seinen Lieblingsclub FC Schalke 04 zu singen.

An Arbeit dachte an diesem Tag allerdings niemand. Vielmehr wollte Magic Lauster, wie ihn seine Fans aufgrund der magischen Wirkung seiner rauen Stimme nennen, zwischen Schienen, Loren und Förderbändern ein Zeichen der Solidarität setzen. Längst hatte das Zechensterben in der Region begonnen, Streiks und Mahnwachen waren an der Tagesordnung. Die Band des Ruhrpottbarden, »Lausters Revier«, baute auf der siebten Sohle Verstärker und Instrumente auf. Die Luft war mit Kohlenstaub und Gerüchen von Öl und Schmierstoffen durchzogen. Ob Magic Lauster die eigens komponierte Ruhrpotthymne »Wir im Revier« unter diesen Bedingungen einsingen konnte?

Das Experiment glückte. Noch heute denkt Magic Lauster gerne an die Aufnahme unter Tage zurück. Letztendlich bescherte ihm die am tiefsten eingesungene CD sogar einen Eintrag ins Guinness Buch der Rekorde.

ZECHE HUGO
DAS KLEINE MUSEUM
ESCHWEILER STRASSE 47
45897 GELSENKIRCHEN
WWW.ZECHE-HUGO.COM

Eine Symbiose zwischen Alt und Neu
OB Frank Baranowski macht Politik im Hans-Sachs-Haus

An Tagen mit klarem Himmel genießt Oberbürgermeister Frank Baranowski in seinem Büro einen atemberaubenden Ausblick. Weit über die Stadtgrenzen hinaus erstreckt sich das Panorama, offenbart mit den üppigen Grünflächen des Revierparks Nienhausen, dem Rhein-Herne-Kanal und der Zeche Zollverein die Gegensätze Gelsenkirchens.

Birgit Salutzki: Als Oberbürgermeister lernen Sie viele Facetten der Stadt kennen. Was macht ihren Charme aus?
Frank Baranowski: Wie bei der Bevölkerung liegen die Reize der Stadt oft im Verborgenen. Während sich in den großen Straßen das typische Bild einer Ruhrgebietsstadt zeigt, spiegeln Nebengassen eine andere Seite wider. Ein schönes Beispiel ist der Lahrshof in Bismarck, der von einem alten Baumbestand geprägt ist. Manchmal denke ich: Das ist schon nicht nichts, was wir hier geschafft haben. Allein schon, dass es die Stadt überhaupt noch gibt. Wie bei kaum einer Zweiten zerstörte der Wegfall des Bergbaus in den letzten Jahren über 50.000 Arbeitsplätze. Ein Umstand, der vielen Ortschaften im Norden Englands das Rückgrat gebrochen hat. Doch statt leerer Straßenzüge findet man hier Menschen, die den Kopf nicht in den Sand gesteckt und sich der neuen Situation angepasst, den Kampf aufgenommen haben.

Das Hans-Sachs-Haus kann auf eine lange Geschichte zurückblicken. Nach vielen Jahren des Umbaus vereint es heute kulturelle Begegnung, Information und Politik. Welche persönlichen Erinnerungen verbinden Sie mit Ihrem Amtssitz?
Auf dem Weg von meiner weiterführenden Schule zur Straßenbahn lag ein Gebäude mit einem besonderen Reiz: dieses Haus. Im Inneren verbarg sich ein Paternoster, der Menschen von einer Etage in die nächste transportierte. Mich interessierte damals, was geschieht, wenn man aus dem offenen Aufzug nicht aussteigt. Also legte ich meine Schultasche auf eine der Trittflächen und beobachtete, was passierte. Nachdem mein Ranzen problemlos den nicht sichtbaren Bereich durchlaufen hatte und auch nicht auf dem Kopf stand, trat ich die un-

Das Farbleitsystem weist den Weg

bekannte Reise an. Bereits damals war das Bauwerk eher als Zentrum des öffentlichen Lebens konzipiert. Ich erinnere mich an den Abschlussball meiner Tanzschule im großen Saal und die erste Konzertkarte für die Gruppe »The Sweet«, die ich im Verkehrsverein, der in das Haus integriert war, gekauft hatte. Bei meiner ersten Ratssitzung als Stadtverordneter hätte ich nie daran gedacht, einmal als Oberbürgermeister in einem der Räume zu sitzen.

Heute mildert eine einladende, transparente Architektur die Schranken zwischen Stadtverwaltung und Bürgern. Wie äußert sich der Aspekt im täglichen Umgang miteinander?

Das neue Gebäude ist mehr denn je ein Ort der Zusammenkunft. Verwaltung und Einwohner rücken durch den transparenten Bau, dessen Glasflächen einen Blick auf den Sitzungssaal und die Büros erlauben, zusammen. Diese neu entdeckte Gemeinschaft beginnt in der Kantine. Wenn ich in meiner Mittagspause im Bistro sitze, das als Treffpunkt von Mitarbeitern und Bürgern konzipiert ist, werde ich oft angesprochen.

Niemand will lange stören, die freie Zeit des Oberbürgermeisters wird geachtet, doch die Gelsenkirchener stellen die eine oder andere Frage. Frank Baranowski liebt die Bürgernähe. Ob beim Joggen in seinem Heimatstadtteil Horst, beim Bäcker, im Atrium oder in einer der Teeküchen – er ist ein Repräsentant zum Anfassen.

Der Architekt Alfred Fischer wollte mit einem Farbspiel im Klinker auf die Zeit des Aufbruchs in der Weimarer Republik hinweisen. Auch der Umbau, bei dem die Fassade erhalten blieb und das Innenleben neu gestaltet wurde, zeugt von Wandel. Inwiefern hat sich Gelsenkirchen in den letzten Jahren verändert?

Auf den Fundamenten der Vergangenheit die Zukunft zu gestalten, ist mir sehr wichtig. Für mich steht das Hans-Sachs-Haus symbolhaft für den Wandel. Es zeigt durch seinen Umbau, wie dies möglich ist. Es beweist, wie gut eine Symbiose zwischen Alt und Neu gelingen kann. Hier, wo hinter der Fassade des 1927 neu errichteten Bauwerks Einzigartiges entstanden ist, haben wir einen neuen Treffpunkt gefunden. Und in unserer Stadt, die früher die »Stadt der 1.000 Feuer« war, hat sich ein ähnlich radikaler Wandel vollzogen. Es ist grüner hier geworden, lebenswerter. Junge Familien ziehen zu, Neubaugebiete entstehen, auch neue Arbeitsplätze. Das passiert nicht alles über Nacht. Aber es passiert. Und das ist wichtig. Während die Industrie weiterhin ein Standbein der Wirtschaft bleibt, sind in den letzten Jahren die Zweige Zukunftsenergien, Dienstleistungen und Gesundheitswirtschaft ausgebaut worden.

Die Einwohner haben mit Leidenschaft für den Erhalt ihres Identifikationsortes gekämpft. Ist diese Begeisterungsfähigkeit, gepaart mit einem starken Willen, typisch für die Bewohner dieser Region?

Ja. Allerdings bedarf es bei den Ruhrgebietsmenschen häufig erst eines Impulses, bevor sie tätig werden. Sie möchten ein Stück weit wachgeküsst werden. Ist das Feuer entfacht, sind sie in ihrer Begeisterung nicht mehr aufzuhalten.

HANS-SACHS-HAUS
EBERTSTRASSE 11
45879 GELSENKIRCHEN
WWW.HANS-SACHS-HAUS.DE

Von A wie Apfelkuchen bis Z wie Zeitung

4

Sabine Krischak fördert Kinder im Zentrum »die flora«

Im Januar 2014 konnte man vor dem Gebäude des städtischen Bildungszentrums eine seltsame Prozession beobachten. Grundschüler strömten in Zweierreihen durch die Glastür die Treppen hinauf. Oberbürgermeister Frank Baranowski und Vertreter aus der Wirtschaft waren ebenfalls von Sabine Krischak eingeladen worden. Alle erwarteten gespannt die Präsentation von »Das erste Buch«, das von Kindern für Kinder gestaltet wurde.

Was an diesem Tag zum glorreichen Abschluss kam, begann 2009 mit einer Anfrage des Bremer Vereins »Das erste Buch e. V.« an einen Essener Konzern. Krischak erhielt als dessen Mitarbeiterin in der Abteilung Öffentlichkeitsarbeit ein Schreiben, in dem um Sponsoring gebeten wurde. Das Vorhaben, durch eine gemeinschaftliche Aktion Kindern Lust auf Lesen zu machen und damit das Selbstbewusstsein zu stärken, faszinierte sie auf Anhieb. »Der gesamte Buchinhalt wird von den Kindern gestaltet. Das hat mir gefallen«, beschreibt sie den Grundgedanken. »Lesen ist eine Kernkompetenz. Wer mit Wort und Schrift umgehen kann, dem stehen mehr Möglichkeiten offen.«

Als Vertreterin ihrer Firma begleitete sie damals die Entwicklung der Essener Ausgabe. Sie bekam die Kreativität der Kinder und deren Spaß am Fabulieren hautnah mit. Wenige Jahre später fasste sie den Entschluss, das Projekt in ihrer Heimatstadt Gelsenkirchen zu initiieren. »Ich hatte ein Aha-Erlebnis im Kindergarten meines Sohnes, als die Kinder ihre Lieblingsbücher mitbringen sollten. Viele besaßen keine Bücher und liehen sich Schulbücher der älteren Geschwister aus«, erklärt Krischak ihre Motivation. Während einer Bürgersprechstunde gewann sie Oberbürgermeister Frank Baranowski für die Idee. Mit Unterstützung des Schulamtes und der Kinderbibliothek stellte sie allen Grundschulen das Konzept vor. Knapp ein Drittel entschied sich, das Projekt im Unterricht durchzuführen.

Mit der Vergabe von Wörterlisten des Vereins wurde das Vorhaben in der Folge konkreter. Alljährlich teilen die Verantwortlichen jedem Buchstaben des Alphabets einen Begriff zu. Die Wörter dienen

Carolin liest »Apfelkuchen«

beim anstehenden Projekt als Aufhänger für die einzelnen Geschichten. Zu »Apfelkuchen«, »Traum« und »Quietscheente« erwartete Krischak viele Einsendungen, aber würde sich jemand für »Yoga« entscheiden? Nachdem die Geschichten eintrudelten, war ihre Sorge verflogen. »Alle Buchstaben sind vertreten«, sagt die Organisatorin lachend. Über 1.200 Einsendungen von knapp 600 Schülern erreichten sie. Das übertraf Krischaks Erwartungen bei Weitem. Um eine Auswahl zu treffen, fand eine Jurysitzung im Kulturzentrum »die flora« statt. Die ehemalige Gaststätte ist einer der ersten Veranstaltungsräume mit Theater und Musik in Gelsenkirchen, in dem normalerweise politische Diskussionen und Filmführungen stattfinden oder Autoren und Schauspieler Gastauftritte geben. Nun beratschlagten hier die Juroren knapp sechs Stunden über Bilder und Texte und staunten über den Einfallsreichtum der Kinder. Bei der Auswahl der kreativsten Vorschläge beachtete die Projektleiterin, dass jede einsendende Schule mit mindestens einem Beitrag vertreten war.

Bei der Buchpräsentation an jenem Tag im Januar 2014 war dann der Saal des Bildungszentrums bis zum letzten Platz gefüllt. Ehrfurchtsvoll setzten sich die Kinder auf die Stühle. Nicht alle waren als Zuschauer gekommen, einige übernahmen eine besondere Rolle: Sie durften auf dem Podium ihre Geschichte vortragen. Begleitet von einem musikalischen Rahmenprogramm, hauchten Sponsoren und die kleinen Autoren den Beiträgen mit ihren Stimmen Leben ein. Zeitgleich zu den Vorträgen wurden mit dem Beamer Bilder auf die Wand projiziert. Die farbenfrohen Zeichnungen von Unterwasserwelten, Tieren und Szenen aus dem alltäglichen Leben begeisterten alle Anwesenden. Als Schirmherr eröffnete Frank Baranowski mit einer Erzählung von Serafino Pette der Klasse 3a der Turmschule die Leserunde.

Die beste Currywurst

Es war einmal ein Mann, der sich eine Currywurst bestellen wollte. In Gelsenkirchen gibt es nämlich die beste Currywurst der Welt. Wenn man sie isst, dann kippt man fast um, weil sie so lecker schmeckt. Der Mann kaufte sie sich jeden Tag. Seine Kinder kamen immer mit, weil die Würstchen so lecker schmeckten. Eines Tages waren alle Currywürstchen ausverkauft. Was sollte die Familie jetzt essen? Keiner wusste, was sie essen sollten. Der Vater sagte: »Guck mal, da drüben auf der anderen Straßenseite gibt es Obst.« Die anderen schrien: »Iiiiihhh! Das schmeckt doch gar nicht! Wir wollen Currywurst!«

In den Wochen nach der Präsentation erhielten die Teilnehmer und jeder Erstklässler in Gelsenkirchen ein Exemplar des Buches von Kindern für Kinder. »Der Samen ist gesät«, resümiert Krischak. »Die Kinder haben eine geringere Hemmschwelle vor Literatur, wenn sie als Autor in einem Buch abgedruckt sind.«

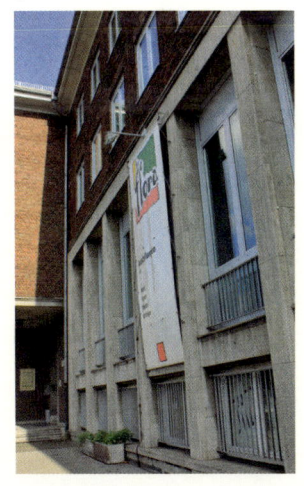

DIE FLORA
FLORASTRASSE 25
45879 GELSENKIRCHEN

Ein Haus in Händen von Filmliebhabern

»Buio Omega« lädt in den »Schauburg Filmpalast« ein

Ende der 70er-Jahre gab es für vier junge Männer einen festen Termin in der Woche: Jeden Sonntag um 11 Uhr schlüpften sie bei der Jugendvorstellung im »Schauburg Filmpalast« in die Rolle ihrer Leinwandhelden. Sie kämpften mit dem japanische Monster Godzilla, begaben sich mit dem Schlitzohr auf Achse, vereitelten einen Großangriff der Zombies und durchliefen die 36 Kammern der Shaolin. Dass es sich bei den Streifen nicht um das aktuelle Kinoprogramm handelte, minderte ihren Genuss in keiner Weise.

Rund 20 Jahre später beschlossen die vier, darunter zwei Brüder, ihre Leidenschaft mit anderen zu teilen, und gründeten den »Geheimnisvollen Filmclub Buio Omega«, benannt nach einem italienischen Horrorfilm. Gleichzeitig bedeutet »Buio« Dunkelheit, während »Omega« für Unendlichkeit steht. Zwei Begriffe, die die Cineasten mit einer Kinoschau verbanden. Die Geheimniskrämerei der Gründungsmitglieder begann allerdings bereits bei den eignen Namen. Lange tüftelten sie an Pseudonymen. Heraus kam ein Mix, der versteckte Hinweise auf ihre Spezialinteressensgebiete enthielt. Fortan nannten sie sich Ingojira, Heinz Klett, Jo Steinbeck und Sailor Ripley, an dessen Stelle später Harald Blixen rückte. Auf die Leinwand gebracht werden sollten meist kostengünstig produzierte Drehbücher aus den 60er- bis 80er-Jahren, die durch reißerische Machart, manchmal sogar durch Einsatz von Gewalt und Sex Effekthascherei betrieben, sogenannte eurozentrierte »Exploitationsfilme« in einem bunten Mix aller Genres. Um Mitglieder warb der Club mit dem Leitspruch: »Was Sie bei uns verpassen, ist für Sie unwiederbringlich verloren!«

Um dem Verein Aufwind zu verleihen, stand mit der »Schauburg« ein starker Partner an der Seite der vier Männer. Viele Bueraner verbinden mit dem 1929 eröffneten Kino, das mittlerweile als eines der einzigen verbliebenen klassischen Filmpaläste Deutschlands gilt, noch heute persönliche Erinnerungen. Früher erweckte Musik aus dem Orchestergraben Stummfilme zum Leben, Anweiser halfen bei der Suche nach einem Platz, was bei 1.400 Sitzen und meh-

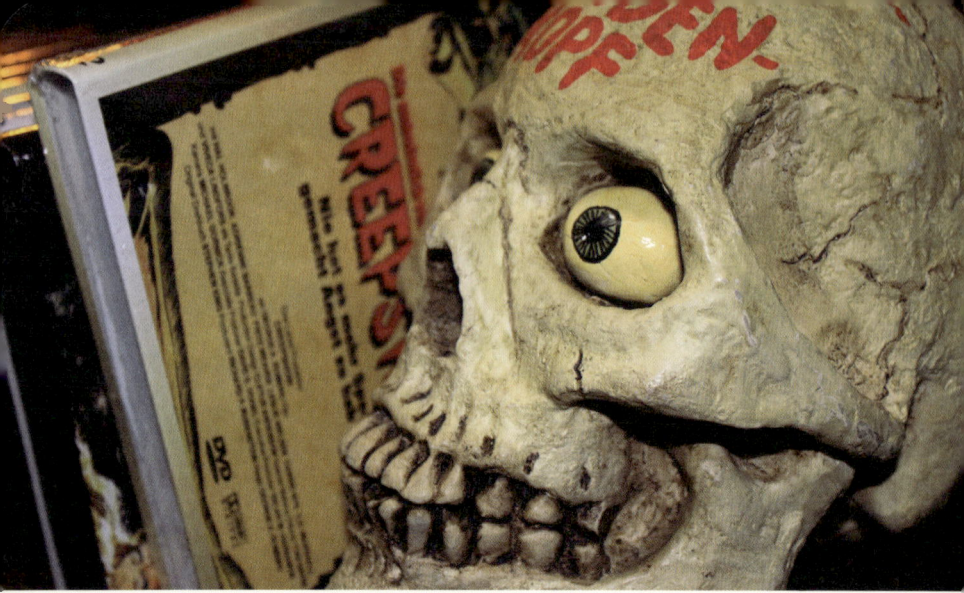

Besondere Events werden durch Spenden finanziert

reren Vorstellungen am Tag auch nötig war, und manch einer fand auf einer der Tanzdarbietungen mit Livekapelle seinen Schatz fürs Leben. Ende der 80er-Jahre stellte die Stadt glücklicherweise einige Bereiche wie das Foyer unter Denkmalschutz und verhinderte damit den Abriss. Die Anfrage des cineastischen Geheimbunds gefiel dem damaligen Betreiber. Die Organisatoren wollten vergangene Zeiten aufleben lassen, in der es noch keine Boom-Bang-Blockbuster gab, sondern Filme mit handgemachter Technik. Kleine Streifen, die mal misslungen oder auch trotz kleiner Budgets unerwartet frisch und ideenreich daherkamen – auch wenn der künstlerische Anspruch oft zu kurz kam. »Buio Omega« überzeugte mit seinem Konzept, zumal einer der vier Begründer als Vorführer in dem Lichtspielhaus an der Horster Straße arbeitete. Mit jedem dritten Samstag des Monats um 11 Uhr war schnell ein passender Termin gefunden, der an die Tradition der alten Jugendvorstellungen anknüpfte und sich gleichzeitig in die Pläne des Kinos einfügte. »Eigentlich eine unmögliche Uhrzeit für so eine Veranstaltung«, weiß der heutige Geschäftsführer Ralf Kolecki zu berichten. »Das würde man eher in den späten Abendstunden vermuten.«

Jedes monatliche Treffen unterliegt einem Thema, das die Gründungsmitglieder mit zahlreichen Hinweisen auf das Programm spicken. Um dem Clubnamen gerecht zu werden, bleiben die Titel der gezeigten Filme im Vorfeld unbekannt. Was gespielt wird, erraten lediglich Kenner der Szene. Für fünf Euro Beitrag bietet sich dem Publikum ein Spektakel sondergleichen. Johlen und Klatschen gehören im großen Kinosaal genauso zu der Tagesordnung wie Zwischenrufe. Gibt es etwas zu feiern, singt der ganze Saal. Als einer der Höhepunkte tritt der Filmgelehrte Christian Keßler auf, der den Ablauf vorstellt und über Wissenswertes informiert. Es folgen kuriose Vorfilme und eine bunte Mischung an Hauptfilmen, bei der große amerikanische Schinken neben dem Italowestern gezeigt werden.

Was macht die Anziehungskraft solcher außergewöhnlichen Genres aus? Vermutlich ist es die Skurrilität, die im Gegensatz zum perfekten Blockbuster sympathisch daherkommt. Das europäische Genrekino ist durch Kopieren geprägt. Ingojira stellt sich die Ideenfindung italienischer Regisseure wie folgt vor: »Gerade läuft erfolgreich ›Der weiße Hai‹. Die weißen Riesen kommen an. Jungs, baut einen großen Haikopf! Wir fahren zum Meer. ›Der weiße Hai‹ ist super, ›Der weiße Killer‹ ist auch nicht schlecht, kostet jedoch nur ein Hundertstel. Machen wir! Und weil man sieht, dass es eine Attrappe ist, holen wir halt ein paar mehr Liter Blut. Wir haben keine bekannten Schauspieler, wir haben kein hohes Budget, um den teuren Hai zu bauen, aber wir haben einen billigen Ersatz. Wenn wir keine spannende Geschichte bieten können, müssen wir den Leuten etwas anderes bieten. Da wird einer in der Mitte durchgebissen. Das hat man bei dem anderen Film nicht gesehen.«

Wenn es die Kasse zulässt, lädt »Buio Omega« rund alle zwei Jahre einen Star ein. Der bekommt zwar keine Gage, aber das, was ihm geboten wird, ist mit Geld nicht aufzuwiegen. Denn man ehrt seine Helden. Ihre VIP-Behandlung umfasst Anreise, Unterkunft, Verpflegung und eine Überraschung. Die gemeinsam verbrachten Stunden mit der Leinwandgröße verstehen die Organisatoren stets

Filmankündigung für Rätselfreunde

als besonderes Privileg und Belohnung für ihren ehrenamtlichen Einsatz. Am Tag des offiziellen Besuchs steht das Lichtspielhaus im Zeichen der Berühmtheit. Bis zu 500 Schaulustige kommen zu der Veranstaltung. Die alten Plakate in den Schaukästen bieten eine Reise zurück zu den erfolgreichen Tagen des Stars. Der Gast sitzt auf der Bühne, beantwortet Interviewfragen und wird gefeiert. Hinterher warten die Fans oft stundenlang auf ein Autogramm ihres Idols. Manchmal ist keine große Überredungskunst vonnöten, um einen Künstler zur Darbietung zu überzeugen: Der österreichische Schauspieler Herbert Fux fieberte dem Event so sehr entgegen, dass er die Reisekosten selber zahlte. Auch Paul Naschy, der das spanische Horrorkino erfand und später den kultigen Werwolf Waldemar Daninsky verkörperte, reiht sich ein in die illustre Gästeschar. Bekanntschaft mit ihm schloss »Buio Omega« bei einem Festival in Manchester, wo sogleich erste Ideen über das Vorhaben ausgetauscht wurden. Sprachprobleme gab es beim Besuch des Spaniers keine, da er mit einem österreichischen Kindermädchen aufwuchs. Franco Nero hingegen, der in Italowestern dem gebrochenen Helden Django Leben eingehaucht hatte, betrachtete die telefonische Einladung nach Gelsenkirchen zunächst skeptisch. Er forderte Informationsmaterial an. Eines Tages erhielt »Buio Omega« eine E-Mail vom Sohn von Neros Lieblingsregisseur Enzo G. Castellari. Der Italiener machte den Deutschen den Mund wässrig, seinen Vater und den Schauspieler einzuladen. Da auch Castellari ein Wunschgast war, nahm der Verein das Angebot dankend an. Ingojira denkt heute gerne an den Besuch der Größen zurück. »Die beiden im Doppelpack waren unschlagbar. Wie Bud Spencer und Terence Hill.« Die

Veranstaltung mit den zweien, bei der die Räumlichkeiten des Kinos vor Andrang überquollen, ging als das imposanteste Treffen in die Annalen der Clubgeschichte ein. Mit den Jahren machte sich »Buio Omega« einen Namen als einziger Filmclub dieser Ausrichtung in Deutschland. Durch die spektakulären Einladungen vieler Stars wurde sogar im Ausland über ihn berichtet.

2013 wurde dann die »Schauburg« auf digitales Kino umgestellt. Für den Filmclub war es wichtig, dass die klassischen 35-Millimeter-Projektoren an Ort und Stelle blieben, denn Digitalprojektion stellte für die Mitglieder keine Alternative dar. Der Betreiber Michael Meyer und sein Betriebsleiter Ralf Kolecki dachten zum Glück nicht daran, an der lieb gewonnenen Tradition zu rütteln. Von Umstrukturierungen im Personalbereich, Neuerungen wie einer Popcorn-Maschine, Umbau der Bühne und der Leinwand, Investitionen in moderne Technik und konzeptionellen Umstellungen blieb der »Geheimnisvolle Filmclub Buio Omega« verschont. Damit das Projekt weiter existieren konnte, schaffte das »Schauburg«-Team Bedingungen, die ein Überleben des Vereins ermöglichten. 2015 feierte der Club, dem Christian Keßler anfangs kein Jahr gegeben hatte, sein 15-jähriges Bestehen – natürlich wieder mit einem Besuch eines außergewöhnlichen Künstlers der Szene und natürlich mit der obligatorischen Zusammenkunft nach der Veranstaltung im Museumscafé direkt gegenüber dem Filmtheater, das inzwischen höchsten technischen Standards genügt. Ohne seinen nostalgischen Charme verloren zu haben.

SCHAUBURG FILMPALAST
HORSTER STRASSE 6
45897 GELSENKIRCHEN
WWW.SCHAUBURG-GELSENKIRCHEN.DE

Bevor das Programm der Berliner »Mercedes-Benz Fashion Week« losgeht, scheint die Aufregung, die in der Luft liegt, greifbar zu sein. Promifriseur Andreas Reetz kennt dieses Prickeln. Seit 2009 ist der Gelsenkirchener Teil des Vorbereitungsteams von »Mod's Hair«. Wie immer liegen auch dieses Jahr vor den Shows die Erwartungen aller Beteiligten auf dem höchsten Level. Modemacher möchten mit ihren Entwürfen Entzückung hervorrufen, Models beten, dass sie nicht stolpern, Stylisten wünschen sich, die Kleider gekonnt in Szene zu setzen. Von dem Druck und der Hektik, die im Vorfeld herrschen, dürfen die Gäste nichts spüren. Ehe die Designer ihre neuesten Kollektionen auf Kleiderständern in die Vorbereitungsräume bringen und die Models eintreffen, spricht das Artistic-Team von »Mod's Hair« backstage die Vorgaben durch. In diesem Jahr unterstützen die Hairstylisten die beiden kreativen Köpfe des Modelabels »Glaw«. Für die feminine Mode mit Lederakzenten hat sich der Creative Director von »Mod's Hair« einen Mix aus 50er-Jahre-Haartolle und edlem Chic ausgedacht. Keine leichte Aufgabe, vor allem, wenn die Zeit knapp ist. Für Reetz und sein Team gilt es, mit Klammern, Fön und Bürsten jedem Model exakt die gleiche Frisur zu verpassen. Es ist laut, hektisch, Action pur. Glücklicherweise kommt niemand kurz vor der Show auf die Idee, alles umzuwerfen.

In Berlin bleibt die eigene Kreativität auf der Strecke. Trotzdem liebt der Gelsenkirchener Topstylist die Abwechslung. »Die ›Mercedes-Benz Fashion Week‹ ist eine andere Welt. Alles ist glamourös, ein bisschen mehr als normal. Man darf nicht den Boden unter den Füßen verlieren«, erklärt Reetz. Diese Ausflüge in den Fashionbereich sind spannend, sie bieten Raum für neue Erfahrungen, den Austausch mit Kollegen. Als Jungfriseur hatte Reetz mit einem Wechsel in die Glitzerwelt geliebäugelt, doch die Verbundenheit zur Heimat war zu groß. »Das Ruhrgebiet ist für mich etwas ganz Besonderes. Hier fühle ich mich superwohl. Ich freue mich, wenn ich in der Großstadt bin, aber genauso gerne komme ich zurück.«

Ein Tattoo mit besonderer Bedeutung

Dabei dachte Reetz bei seinem Schulabschluss im Sommer 2004 zunächst einmal überhaupt nicht an eine Ausbildung im Friseurgewerbe. Glücklich, endlich nicht mehr Mathe pauken zu müssen, freute er sich auf die Arbeitswelt, doch erste Ideen, Kfz-Mechaniker oder Schreiner zu werden, konnten ihn nicht hundertprozentig überzeugen. Wäre sein sechs Jahre älterer Bruder Carsten nicht von seiner kreativen Ader überzeugt gewesen, hätte er niemals ein Praktikum bei »Mod's Hair« in Buer gemacht. Der Inhaber Roberto Mercuri kannte den experimentierfreudigen jungen Mann, hatte ihn in den vergangenen Jahren viele Male selbst frisiert. Und manchmal braucht es nur einen kleinen Anstoß, dass Großes entstehen kann. Mit seinem neuen Mitarbeiter landete Mercuri einen Volltreffer. Reetz' Fingerfertigkeit und sein authentisches Auftreten machten ihn schnell bei jungen Schalker Spielern beliebt, die sich in dem Salon einen neuen Schnitt verpassen ließen. Zielstrebig erkletterte er eine Karrierestufe nach der anderen und absolvierte mit 22 Jahren seine Meisterprüfung.

Dass das Friseurhandwerk seine Berufung geworden ist, demonstriert der gebürtige Westerholter stolz anhand seines Unterarms. Dort prangt ein kunstvolles Tattoo, dessen Bedeutung sich nur Eingeweihten erschließt. Wer stets nach aktuellen Modetrends schaut, dem drängt sich automatisch individueller Körperschmuck auf. Familie Reetz hatte für derlei Schnickschnack zu Beginn allerdings wenig Verständnis, sodass der jüngste Spross zunächst nur seinem Bruder Carsten seinen Wunsch nach einem Tattoo verriet. Eine Schere sollte es werden, als Symbol seiner Arbeit, ergänzt durch ein großes »C«, stellvertretend für den Namen des Bruders, immerhin hatte dieser ihn zu seinem Traumberuf gebracht. Die starke Geschwisterliebe sollte verewigt werden. Zwei Tage nach der Zustimmung seiner gesamten Familie verstarb der Vater unerwartet. Im Gedenken an ihn ließ sich Reetz auch dessen Geburtsdatum im Tattoo-Studio »Gestochen scharf« tätowieren.

Einer der schönsten Momente in Reetz' Berufsleben war die Eröffnung eines eigenen »Mod's Hair«-Salons Ende 2012. Der Gebietsschutz des Unternehmens stand einer Ansiedlung in Gelsenkirchen im Wege. Wenn nicht die Heimatstadt, dann sollte es Recklinghausen werden. Monatelang fuhr der Promifriseur kreuz und quer durch die Stadt, suchte nach leeren Ladenlokalen und stellte schließlich eines seinem ehemaligen Chef und späteren Geschäftspartner Roberto Mercuri sowie den Architekten von »Mod's Hair« vor. Doch die Räume überzeugten nicht. Kurze Zeit später fand er glücklicherweise einen Salon in bester Lage, der mit einer Fläche von 225 Quadratmetern genügend Platz für die eigene Kreativität bot. Und wenn Passanten über den Recklinghäuser Kurfürstenwall schlendern, und einen Blick durch das Fenster des Ladens werfen, entdecken sie vielleicht den Topstylisten. Denn den Kontakt mit seinen Kunden lässt sich Reetz trotz seiner Ausflüge in die Promiwelt nicht nehmen.

MOD'S HAIR PARIS
ROCHUSGASSE 7
45894 GELSENKIRCHEN
WWW.MODSHAIR-GELSENKIRCHEN.DE

Samstag, 20.15 Uhr. Seit der ersten Ausstrahlung der Fernsehshow »Schlag den Raab«, in der der gleichnamige Entertainer, Produzent und Ideengeber vieler TV-Formate mit einem Kandidat in den Bereichen Sport, Geschicklichkeit, Wissen und Wagemut in den Wettstreit tritt, verfolgt André Bergermann jede Sendung. Als es eines Abends wieder einmal um einen Gewinn von 500.000 Euro ging, kam Bergermann ins Grübeln. Was für ein Stundenlohn, dachte er sich. Er, der Tausendsassa, der lange beim VfL Gladbeck in der ersten Mannschaft Handball gespielt hatte und der sich ein Leben ohne Sport nicht vorstellen konnte, kam ins Träumen. Was wäre wenn …? Ob er eine Chance hätte, konnte er schlecht einschätzen, zu unterschiedlich sind die Anforderungen an die Kandidaten. Doch bereit, die Herausforderung anzunehmen, schickte er eine Bewerbung ab.

Sechs Jahre und zwei Bewerbungen später drückte er im Sportcenter McFIT in der Lockhofstraße gerade Gewichte, als sein Handy brummte. Die für die TV-Show verantwortliche Produktionsfirma »Brainpool« lud ihn per Mail zum Casting ein. Damit hatte er die erste Hürde passiert. Eine spannende Zeit sollte beginnen. Er überstand ein zweitägiges Casting, bei dem die potenziellen Raab-Gegner auf Herz und Nieren geprüft wurden. Zum Schluss wählte eine Jury ihn und weitere Männer und Frauen aus, die sich den Zuschauern präsentieren durften. Eine Runde weiter zeigte er, was in ihm steckte. Das Produktionsteam begleitete den Stahlbauschlosser und Inhaber einer Baufirma in seiner Heimat Gelsenkirchen einen ganzen Tag, um Szenen aus seinem Berufsleben und seiner Freizeit zu drehen, die später zu einem Vorstellungsfilm für die Sendung zusammengeschnitten wurden. Doch wer glaubt, dass es nach dem aufregenden Drehtag direkt ins Studio geht, täuscht sich. Mitunter müssen die Bewerber lange auf ihren Einsatz warten. Zu welcher Folge sie eingeladen werden, steht erst kurz vor der Ausstrahlung fest. Der erlösende Anruf erreichte Bergermann bei der Arbeit auf einem Träger in luftiger Höhe.

Saison 2008/2009: die erste Handballmannschaft des VfL Gladbeck

Zwei Wochen später, am 11. Mai 2013, reiste er zusammen mit seiner Partnerin Stefanie für zwei Tage nach Köln. »Das Studio erschlägt einen«, berichtet er rückblickend. Nachdem er am Samstag vor seinem Auftritt den ärztlichen Check bestanden hatte, traf er alle Mitwirkenden in einem kleinen Raum backstage. Die Tür öffnete sich und der Showmaster betrat den Raum. »Stefan vor sich zu sehen, ist ein unwirkliches Gefühl. Erst in diesem Moment habe ich gefühlt, dass ich da bin.« Erst im letzten Moment legte das Produktionsteam die Reihenfolge fest, in der die Kandidaten auf die Bühne kommen sollten. Bergermann erhielt die Nummer vier. »Das war für mich der kribbeligste Moment, weil ich bis zu diesem Zeitpunkt nicht wusste, ob ich in der Show bin oder lediglich als Ersatzspieler vorgesehen war«. Derweil sie nacheinander aufgerufen wurden, realisierte er, dass ihm Millionen vor den Bildschirmen zuschauen würden.

In dieser 41. Folge, der letzten vor der Sommerpause, standen 1,5 Millionen Euro Siegprämie bereit. Neben Bergermann stellten sich ein Kindergärtner, ein Psychologe, eine Physikerin und ein Umweltingenieur der Kandidatenwahl durch die Zuschauer. Als der

Mittdreißiger auf dem Bühnentreppchen erschien, ging ein Raunen durch das Publikum. Dem braun gebrannten Stahlbauschlosser sah man auf den ersten Blick seine sportliche Fitness an. Das Vorstellungsvideo zeigte ihn zudem bei der Arbeit, beim Training, im Fitnessstudio und beim Laufen im Nordsternpark. In einer kleinen Fragerunde sprach ihn Moderator Steven Gätjen auf das bevorstehende Champions-League-Finale zwischen Bayern München und Borussia Dortmund an. Auf welcher Seite er stehe? Bergermann grinste. »Als Schalker darf ich nicht Dortmund sagen, aber ich gönne ihnen den Sieg.« Damit hatte er die Herzen aller Fans von Lüdenscheid-Nord bis Gelsenkirchen gewonnen. Beim Telefonvoting stimmte eine überragende Mehrheit für ihn als Kandidat. Als er sich neben den Moderator und Raab stellte, zeigte Gätjen Respekt vor seinem muskulösen Körperbau. Ab diesem Moment hieß es nur noch: »Heute spielt der Hulk gegen den Hobbit.« Frank »Buschi« Buschmann, der die Sendung aus dem Off kommentierte, sorgte sich um Stefan Raab.

Für die Psyche ist es enorm wichtig, gut in den Wettkampfabend zu starten. Was würde zuerst auf ihn zukommen? Sobald Bergermann den Boxsack sah, der an einem dicken Seil von der Decke heruntergelassen wurde, lächelte er. Beim Match »Klammern« mussten sich beide Teilnehmer so lange wie möglich an dem Sportgerät festhalten. Hier half pure Muskelkraft. Bergermann schwor sich, nicht loszulassen, egal wie lange es dauern würde. Nach über fünf Minuten, in denen sich die Probanden mit stoischer Ruhe an dem Sack festkrallten, begann Stefan Raab, langsam, aber sicher nach unten zu rutschen. Ein guter Anfang. Doch das Spiel »Wo liegt was?« lief für den »Hulk« nicht gut. Beim interaktiven Geografiequiz gegen den Piloten Raab das Rennen zu machen, schien für ihn unmöglich. Das wusste er schon, bevor er antrat. Er unterlag ebenso wie beim anschießenden »Frisbee Duell«. Bei der Runde »Menschenkenntnis«, lag der »Büffel«, wie Buschmann Bergermann inzwischen nannte, mit seinen Tipps wieder vorn. Er erriet, wie viele

Handball beim VfL Gladbeck

Mitglieder einer Gruppe einen Twitter-Account besitzen oder zur Miete wohnen. Auch beim darauffolgenden »Mini Autoball« hatte er die Nase vorn. Mit einem Fernlenkauto Bälle in ein Tor zu schieben, lag Raab nicht. Bergermanns roter Flitzer landete stattdessen einen Treffer nach dem anderen. »Was für ein Debakel!«, kommentierte Buschi. Allerdings konnte der Gelsenkirchener in den Paradedisziplinen seines Gegners, der Wissensabfrage »Blamieren oder Kassieren« und »Blind fahren«, nicht triumphieren. Damit ergab sich nach dem siebten Wettkampf ein Punktestand von 10:18. Das Spiel »Wasserball« erwies sich für den langjährigen Handballer, der in seinen Vereinen auf Positionen im Rückraum und in der Abwehr spielte, wiederum als problemlos. Nahezu sämtliche seiner Angriffe landeten im Netz, und er fing Bälle mühelos ab. Es kam zum Ausgleich bei einem Spielstand von 18:18. Jetzt wurde es spannend. Beide lagen Kopf an Kopf. Wer würde den Sieg davontragen?

Nach körperlicher Power war wieder der Geist gefragt. Beim Spiel »Farben merken« mussten sich beide Wettkämpfer ein Muster aus roten, gelben und grünen Kugeln einprägen, die in einer bestimmten Anordnung auf Stäbe gesteckt waren. Nachdem die Herren zweieinhalb Minuten versucht hatten, sich die Konstruktion zu merken, wurde diese abgedeckt. Nun war die Aufgabe, aus dem Gedächtnis leere Stäbe mit den bunten Spielkugeln in der richtigen Reihenfolge zu bestücken. Farben merken sei nicht sein Ding, bemerkte Bergermann – diese Runde ging an seinen Widersacher. Bei den folgenden Partien wechselte die Führung ständig. Nach dem 13. Spiel lag Raab mit 40:51 Punkten vorne und konnte sich mit

einer weiteren erfolgreichen Runde den Gesamtsieg sichern. Konnte Bergermann dem noch etwas entgegensetzen? Die Helfer fuhren
14 Tische ins Studio. Der Gelsenkirchener und Raab sollten durch
Fingerschnipsen kleine Steine von einem Tisch zum anderen beför-
dern, ohne dass die Steine in die Zwischenräume fielen. Bergermann
begann mutig und erarbeitete sich zunächst einen großen Vorsprung.
Sein Gegner verfolgte eine andere Taktik. Anstatt auf Risiko zu gehen, tastete er sich langsam voran, sicherte seinen Stein Zug um Zug
und näherte sich somit schrittweise dem Ziel. Währenddessen startete Bergermann eine Aufholjagd, doch immer wieder rutschte sein
Stein über den Tischrand, und er musste neu beginnen. Der Druck
in der heißen Phase der Show wuchs. Nichts klappte mehr! Er produzierte einen Fehlversuch nach dem anderen. Kurz vor Schluss ein
letztes Aufbäumen, doch es schlug fehl. Raab errang den Gesamtsieg.

Auch wenn Bergermann unmittelbar nach der Sendung wegen
der knappen Niederlage enttäuscht war, möchte er diese fünf Stunden
bei »Schlag den Raab« nicht missen. »Für mich war es das Größte, was ich jemals erlebt habe und vermutlich erleben werde«. Sein
Bekanntheitsgrad, der durch seinen Sport bereits groß war, wuchs
nach der TV-Show enorm. Noch heute sprechen ihn in seiner Heimat
wildfremde Menschen auf der Straße an, lassen sich mit ihm foto-
grafieren oder stellen Fragen über den
Ablauf des Fernsehabends. Kein Wunder,
der sympathische Gelsenkirchener war
ein Kandidat zum Mitfiebern.

Unterstützung für die Schalke-Jugend
Willy Plenkers trompetet auf der Bochumer Straße

Wenn er seine Trompete zum Mund führt und eine bestimmte Tonfolge spielt, rufen Schalke-Fans: »Attacke!« Egal, ob sich Trompeten-Willy auf seinem angestammten Platz in der Nordkurve der Veltins-Arena, in der Straßenbahn oder in einer Kneipe befindet – der kleine Mann, der sich gerne als »germanischer Sitzriese« bezeichnet, reißt alle mit.

Dabei gehörten die Königsblauen lange nicht zu der Welt des gebürtigen Rheinländers. In dem Ort, in dem er aufwuchs, besuchten Jugendliche eher Dorffeste als ein Fußballspiel. In Kontakt zu seinem späteren Lieblingsverein kam er das erste Mal auf einem Jugendlager der Feuerwehr, wo der Bronchialasthmatiker aufgrund seiner schmächtigen Statur gehänselt wurde. Er verbündete sich mit einem Jungen, den die anderen zusammen mit einigen Seeigeln in einen Schlafsack eingenäht hatten. Schon damals eine Kämpfernatur, schlug er dem Gepiesackten vor: »Hömma, zwei gegen sechs macht mehr Spaß als einer gegen sieben«. Aus Solidarität zu seinem neuen Kumpan, einem So4-Fan, verfolgte Willy Plenkers fortan jedes Spiel des Bundesligisten.

Wenn Willy etwas anfängt, steckt eben viel Herzblut dahinter. So wundert es nicht, dass man ihn und sein Instrument mittlerweile weit und breit kennt. Neben den Spielen der Ersten Mannschaft unterstützt er die A-Jugend des Vereins auf dem Sportplatz der Gesamtschule Ückendorf. Darüber hinaus nimmt Trompeten-Willy an Charity-Events teil und reist zu Auswärtsbegegnungen mit. Vor allem, wenn die Königsblauen das Derby gegen »Biene-Maja-Town« antreten. Die Trompete, die dann erklingt, kaufte ihm der einstige Vereinsmanager Rudi Assauer – zwei Originale unter sich!

SPORTPLATZ DER GESAMTSCHULE
ÜCKENDORF
BOCHUMER STRASSE 190
45886 GELSENKIRCHEN

Himmlisches Parfait auf der Trabrennbahn
Dirk Seemann kocht im »Sport-Paradies«

Als Koch mit einer Ausbildung in der gehobenen Küche des Gelsenkirchener Hotels »Maritim« hatte Dirk Seemann eine genaue Vorstellung, welche Attribute sein Arbeitsplatz erfüllen sollte. Neun Wanderjahre in verschiedenen Restaurants und Hotels in Deutschland lagen hinter ihm, in denen er sich durch die unterschiedlichsten kulinarischen Eindrücke einen unverkennbaren Stil angeeignet hatte. Das Angebot, ab März 2000 bei der neu in Betrieb genommenen GEW-Gastronomie des »Sport-Paradieses« in Gelsenkirchen zu arbeiten, kam da genau zur rechten Zeit. Endlich wieder zurück in die Heimat. Endlich das Erlernte in köstliche Eigenkreationen umsetzen. Wenige Monate später kam die Ernüchterung. Statt Haute Cuisine erinnerten die Bestellungen von Pommes und Schnitzel eher an eine Großküche. Ab und zu durfte er als Highlight einen Salat anrichten.

Als dann Mitte des Jahres der Geschäftsführer der »Emscher Lippe Energie und Stadtwerke Gelsenkirchen« die Anfrage stellte, ob das Team gastronomisch für ein VIP-Catering für 300 Personen auf der Trabrennbahn bereit sei, sah Seemann seine Chance. Seine Aussage »Wir machen das jetzt, sonst bleiben wir hier für immer Pommesverkäufer« war mehr als gewagt, denn außer ihm bereiteten lediglich ein weiterer Koch und eine Aushilfe die Menüs zu. Was mit einem laut heraus posaunten Entschluss begann, mündete in eine der arbeitsintensivsten Zeiten, an die sich Seemann erinnern kann. Doch von Anfang an begriff er den Auftrag als Möglichkeit. Gemäß dem Motto »Was haben wir schon zu verlieren?« stürzte er sich in die Arbeit. Als Küchenverantwortlicher schrieb er in der nächsten Woche Buffetvorschläge, kalkulierte die Kosten und probierte mit seinem Team neue Rezepte aus. Dass nur zwei Herdplatten, eine Fritteuse und ein Backofen zur Verfügung standen, verdrängte die Crew. Die Ausstattung reichte zwar für die Zubereitung kleiner Mahlzeiten, aber würde man damit für das »Große Elite-Pferderennen« ein Buffet zaubern können, das die Gaumen der VIP-Gäste überzeugte?

An Ideen fehlte es nicht. Die Speisekarte mit Spezialitäten wie tranchierter Springbockrücken, gebratene Jakobsmuscheln und eine

Der Chefkoch schaut nach dem Rechten

Trilogie vom Schottland-Lachs hätte aus dem Repertoire eines Sterne-restaurants stammen können. Insgesamt neun Gerichte plus ein Dessert galt es innerhalb weniger Tage vorzubereiten. Das bedeutete ein hohes Maß an Improvisationskunst und pausenlose Arbeit. Um keine Minute ungenutzt zu lassen, verlegte Seemann seinen Schlafplatz kurzerhand ins Büro seines Chefs, wo eine Luftmatratze für kurze Nickerchen bereitstand. Unentwegt schnippelte das Team Gemüse, schälte Kartoffeln und schnitt Fleisch in Portionen. Zwei Tage vor dem Event verbrannte sich der zweite Koch seine Hand an einer der Herdplatten. Kurzfristig musste Ersatz beschafft werden. In der heißen Phase der Vorbereitung erhielt die Crew Verstärkung, was auch dringend notwendig war – denn der Veranstalter hatte die Anzahl der Personen kurzfristig auf 800 erhöht.

Zunächst dachten die Köche nur daran, den großen Tag irgendwie zu überstehen. Als ihnen bewusst wurde, wozu sie fähig waren, setzte Seemann dem Team das Ziel, den ehemaligen Caterer der Trabrennbahn durch erstklassige Leistung zu verdrängen. Um allen Gästen gerecht zu werden, errichteten sie an drei Stellen des Areals Zeltküchen, in denen die Köstlichkeiten vor allen Augen zubereitet wurden. Aushilfen hielten den Köchen den Rücken frei, die sich derweil um die Zubereitung der

Speisen kümmerten und Gourmets bei der Auswahl berieten. Sie gaben Auskunft über die Rezeptur ihrer Kreationen, wie zum Beispiel des Sonnenblumenkern-Parfaits auf Mango-Chili-Kompott.

Sonnenblumenkern-Parfait für 15 Personen
500 g Sonnenblumenkerne kurz in der Pfanne anrösten.
1 kg Zucker dazu geben und alles karamellisieren lassen.
Die Masse auf ein Brett oder eine Marmorplatte geben und erkalten lassen.
500 g Eigelb / Dotter
100 g Zucker
1 Vanilleschote
1 Prise Salz
Alles zusammen kalt aufschlagen.
1 Liter geschlagene Sahne unterheben.

Nun die zerkleinerte Masse aus Sonnenblumenkernen und Zucker mit der oben genannten Masse vermischen. Die komplette Masse in Förmchen und Terrinen geben und frosten. Nach zwölf Stunden entnehmen und in portionsgerechte Scheiben schneiden und anrichten. Dazu kann man Mango-Chili-Kompott oder auch angemachte Litschis servieren.

Das großes Wagnis sollte sich als Beginn des Großunternehmens »emschertainment«-Gastronomie entpuppen. Seemanns Einsatz hat sich gelohnt: Nachdem er am Aufbau der »Ryokan Gastronomie« der »ZOOM Erlebniswelt Asien« beteiligt war, bedient er heute als Gesamtküchenleiter die gesamten Restaurants des Unternehmens, zu dem auch eine große Catering- und Eventabteilung gehört. Ob im »Sport-Paradies«, in der Emscher-Lippe-Halle oder in der »ZOOM Erlebniswelt« – große Mengen lukullischer Genüsse zu planen, gehört nun zu seinem Alltag.

SPORT-PARADIES
ADENAUERALLEE 118
45891 GELSENKIRCHEN
WWW.SPORT-PARADIES.DE

Lokalradio ist das Beste aus zwei Welten
Corinna Schröder und Ralf Laskowski von »Radio Emscher Lippe«

Corinna Schröders Finger huschen schnell über ihre Schreibmaschine. Um die Leser der »Buerschen Zeitung« täglich mit neuen Informationen zu versorgen, verfasst die freie Journalistin ihre Berichte meist zu Hause. Die Arbeit macht ihr Spaß, denn sie liebt Geschichten, dennoch kommt Kommunikation bei ihrem Job zu kurz. Für den Vorschlag ihres privaten Umfelds, es beim Lokalsender »Radio Emscher Lippe« zu versuchen, kann sie sich noch nicht erwärmen. Ihr Freund jedoch lässt nicht locker und plant, sie mit einer außergewöhnlichen Idee zu überraschen. Er macht sich auf den Weg zur Hörfunkredaktion und erklärt dort, dass er seiner Freundin zum Geburtstag eine Minute Radio schenken möchte. Leider wird daraus nichts, doch da so viel Einsatz belohnt werden muss, gibt man ihm den Ratschlag, seine Freundin solle sich für ein Praktikum bewerben, wenn sie das Zeug zum Moderieren habe. Das gibt er gerne weiter …

Bereits am ersten Tag in der Redaktion spürt Corinna Schröder, dass sie die richtige Entscheidung getroffen hat. Beim Radio als schnellem Medium passiert immer irgendetwas. Gerade richtig für die quirlige junge Frau. Die üblichen ersten Aufgaben eines Praktikanten, Texte schreiben und Umfragen machen, gehen ihr leicht von der Hand. Schwerer ist die Umstellung auf die Länge der Radiobeiträge. Auf maximal anderthalb bis zwei Minuten gesprochenen Text müssen sämtliche Informationen zusammengekürzt werden, nur so lange ist die Aufmerksamkeitsspanne der Hörer. Da bleibt kein Platz für Schnörkel und ellenlange Nebensätze.

In der Fußballsaison 1996/97 bekommt die Schalke-Anhängerin schließlich einen Einsatz, den sie nie vergessen wird. Ihr Lieblingsverein steht im UEFA-Pokal im Finale gegen Inter Mailand. Die Partie, beim Gegner in Italien ausgetragen, wird vom Verein im heimischen Parkstadion bei einer Public-Viewing-Veranstaltung gezeigt. Nach einem Spielverlauf, der an Dramatik kaum zu übertreffen ist, schießt der Schalker Marc Wilmots im Elfmeterschießen das erlösende Tor. Es steht 4:1 – und die Gelsenkirchener erzielen ihren ersten Pokalsieg. Die

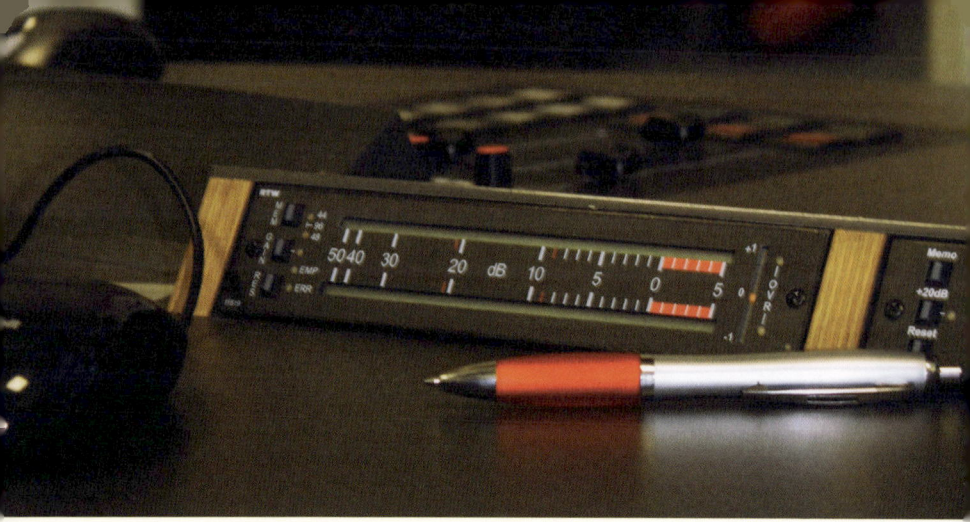

Das Studio von »Radio Emscher Lippe«

ganze Stadt feiert euphorisch, mitten unter ihnen die junge Reporterin, immer mit dem Mikrofon in der Nähe der jubelnden Fans. Die Bericht-erstattung zieht sich über 48 Stunden, da die Spieler direkt aus Mailand anreisen, um im Autocorso über die Kurt-Schumacher-Straße zu fahren.

»Das war das Allerschönste, was ich jemals bei ›Radio Emscher Lip-pe‹ erlebt habe«, erinnert sich Corinna Schröder heute. Und das soll etwas heißen: 2015 feierte die Moderatorin ihr 20-jähriges Dienstjubiläum.

Der heutige Chefredakteur des Senders, Ralf Laskowski, ist schon als Schüler vom Radio fasziniert. Weil sein Vater ihm jedoch rät, »etwas Vernünftiges« zu lernen, entscheidet sich der gebürtige Kieler zunächst für ein Jurastudium. Um den Faden zu seiner heimlichen Liebe nicht abreißen zu lassen, arbeitet er währenddessen als freier Reporter und Nachrichtenredakteur. 1990 hebt die damalige Regierung schließlich ein neues Lokalradiomodell mit Verbreitungsgebieten aus der Taufe, die in der Regel kreisfreie Städte oder Landkreise umfassen. Dafür werden Discjockeys aus Dorfdiskotheken, Studenten und freie Zeitungsmit-arbeiter gecastet, die für einen reibungslosen Hörfunkbetrieb sorgen sollen. Auch Laskowski verfolgt diese Pioniergeschichte des privaten Radios, das neben Berichten aus aller Welt Neuigkeiten aus der eigenen Stadt direkt ins Wohnzimmer bringt.

»Das Private war damals nicht so staatstragend. Es war von Anfang an spannend, man hat gelacht, konnte mitmachen und anrufen«, erzählt er heute mit leuchtenden Augen.

Nach dem Studium in Bielefeld und einer langen Zeit als freier Mitarbeiter beschließt Laskowski, endgültig beim Hörfunk Fuß zu fassen. Zunächst in Bielefeld, dann in Berlin. 2005 wechselt er ins Ruhrgebiet. Zu dieser Zeit sucht »Radio Emscher Lippe« einen neuen Chefredakteur, ein Job, der wie gerufen kommt. Am Tag des Vorstellungsgesprächs macht Laskowski zum ersten Mal Bekanntschaft mit der Herzlichkeit der Ruhrgebietsmenschen. Herausgeputzt mit Schlips und Kragen, wie es bei einem Geschäftstermin üblich ist, kommt er im Vorfeld des Freundschaftsspiels zwischen Galatasaray Istanbul und Schalke 04 am damals noch orange-roten Bahnhof in Gelsenkirchen an. Ein Anblick, der ihn fast zur Umkehr bewegt. Die Zeit bis zum Termin ist knapp. Auf der Suche nach einem Anschluss nach Buer betritt er die nächste Kneipe, nicht wissend, dass sich in »Charly's Bummelzug« das Fanvolk trifft. Zwischen Schalkern mit Schals und Kutten und in Ballonseide gekleideten Sympathisanten fragt er den Wirt nach dem kürzesten Weg zur Straßenbahn.

»Junge«, beginnt der Kneipier, kommt hinter dem Tresen hervor und nimmt den Fremden in den Arm, »weißte wat? Dat zeig ich dir. Wa, da gehste jezz da die Treppe runter, und da vorne sind die Automaten. Da nimmste aber nich den rechten, der is immer kaputt.« Diese herzliche Begegnung hat den heutigen Chefredakteur geprägt und zum überzeugten Ruhrgebietler gemacht.

RADIO EMSCHER LIPPE
HOCHSTRASSE 68
45894 GELSENKIRCHEN
WWW.RADIOEMSCHERLIPPE.DE

Als Bücherwurm geboren
Roman Dell liest in der Stadtbibliothek

Die Gelsenkirchener Stadtbücherei war nach seiner Ausreise aus der russischen Stadt Schachty als 16-Jähriger schnell zu seiner zweiten Heimat geworden. Sie gewährte ihm den Zugang zu einer Welt voller Sehnsucht und Illusion. Dennoch dauerte es fünf Jahre, bis Roman Dell das Universum des Wissens vollends nutzen konnte und die Sprache kein Hindernis mehr bildete.

Wie immer nutzte er auch an jenem Tag seine Mittagspause für einen Rundgang zwischen den Regalen. Intuitiv berührte er mit den Fingern den Buchrücken eines nostalgisch wirkenden Werkes. Der Text auf dem Umschlag berichtete von einem jungen Mann, der von der Frau seines Lebens verlassen wurde. Dell schlug eine Seite auf, um in die Worte einzutauchen, als ein verwaschener Ausleihzettel zu Boden flatterte. Erstaunt las er den exotischen Vornamen einer griechischen Göttin, während der Nachname deutsch klang. Was bewog sie, über die Leiden eines Mannes zu lesen? Der Zettel löste viele Fragen aus, auf die er eine Antwort haben wollte. Wie ein FBI-Profiler versuchte er, ein psychologisches Porträt der Fremden zu skizzieren. Ihn überkam eine verrückte Idee: Er suchte alle Titel, die auf dem Ausleihzettel standen, und las sie zu Hause. Mit jedem Buch wandelte sich das Bild der mysteriösen Frau. Nach der Lektüre französischer Romane sah er sie zart und blond vor sich. Bei Nicolas Sparks fürchtete Dell, sie wäre eine glücklich verheiratete Hausfrau.

Eine Weile folgte er ihren vielfältigen Lesespuren, bis er seiner Inspiration folgte und eine Geschichte darüber schrieb. Heute verfasst der Gelsenkirchener als Schriftsteller Romane und Erzählungen.

STADTBIBLIOTHEK GELSENKIRCHEN
BILDUNGSZENTRUM
EBERTSTRASSE 19
45875 GELSENKIRCHEN
WWW.STADTBIBLIOTHEK-GE.DE

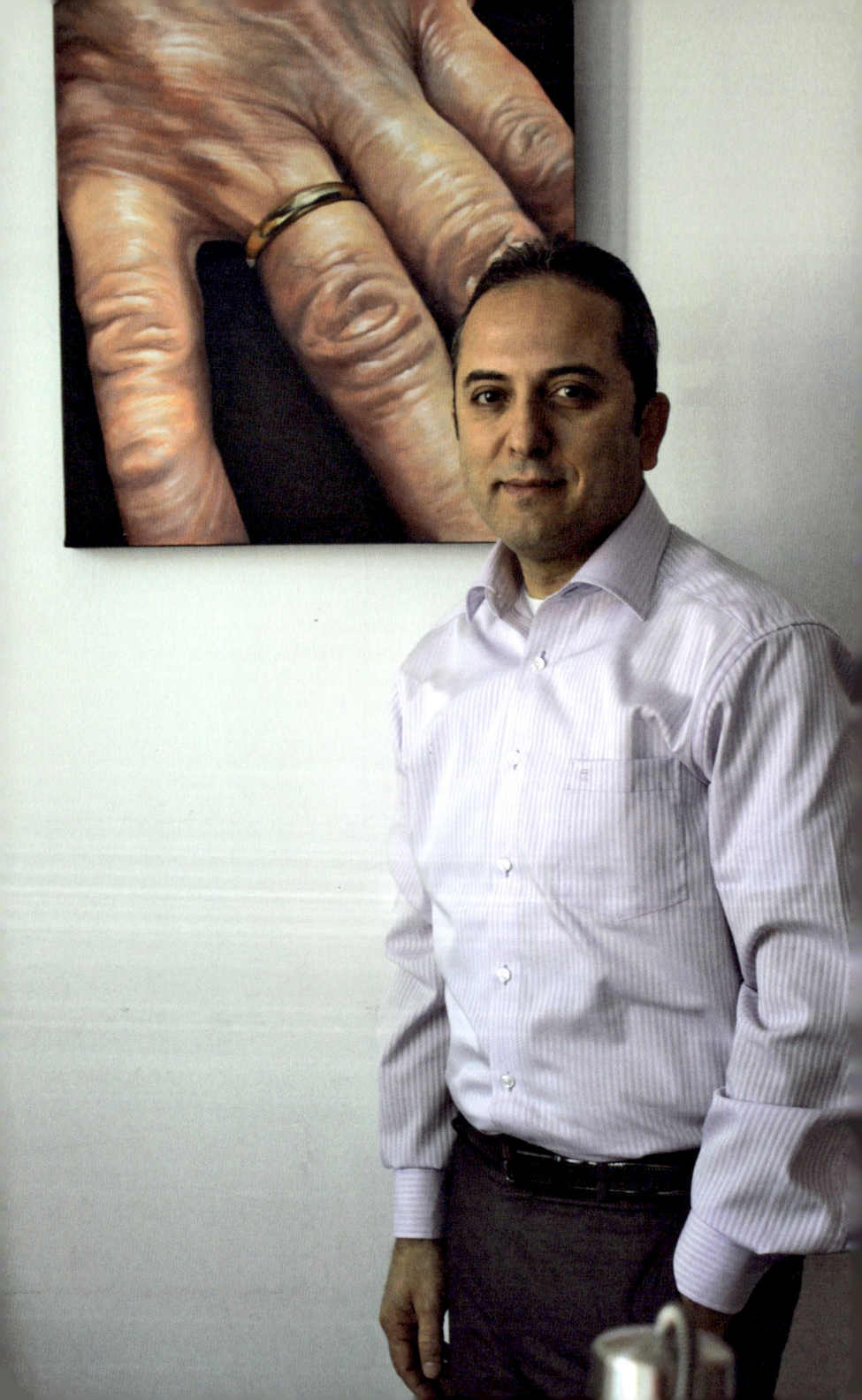

Im Konferenzsaal des Hotels »Courtyard by Marriott«, in dem unter der Woche Geschäftsleute ein- und ausgehen, sitzen 20 gut aussehende Deutsch-Türkinnen. Sie schauen den preisgekrönten Kurzfilm »Begegnung – Realität ist Konfrontation« über die erste Generation türkischer Zuwanderer in die BRD. Sie sind zu jung, um diese Zeit selber miterlebt zu haben, immerhin liegen diese bewegenden Tage des Aufbruchs über 60 Jahre zurück. Aus Erzählungen ihrer Eltern und Großeltern kennen die Frauen jedoch einige persönliche Schicksale. Den Spuren ihrer Ahnen zu folgen, versetzt sie in deren Gefühlswelt.

Yildiray Cengiz, Organisator der Veranstaltung, beobachtet die Reaktion auf den von ihm produzierten Film. Er selbst wurde in der Türkei geboren. Sein Vater suchte mit seiner Familie 1979 den Weg in die neue Heimat. Das Streben nach Integration ist für Cengiz nicht nur eine leere Worthülse, sondern bestimmt sein ganzes Leben. Als Leiter der Agentur »EKIP Integram« bietet er Ethnomarketing für zahlreiche deutsche und türkische Firmen an, ist in verschiedenen Verbänden als Fachmann gefragt. Ehrenamtliches Engagement, wie seine Berufung als Handelsrichter oder die Leitung des Integrationsrates, bringt er in seiner knappen Freizeit unter. Es steckt viel Idealismus hinter seinem Handeln. Rein wirtschaftlich betrachtet, würde Cengiz von einem Projekt wie der Wahl zur »Miss Turkuaz German« die Finger lassen.

Die jungen Frauen, die im Anschluss an die Filmvorführung über den Unterschied zwischen Integration und Assimilation sprechen, haben in der ersten Bewerbungs- und Selektionsphase überzeugen können. Jede von ihnen möchte zur schönsten Deutsch-Türkin 2014 gekürt werden. Sie nehmen an keiner gewöhnlichen Misswahl teil, bei der oftmals das Entertainment im Vordergrund steht. »Ich musste das Projekt starten, um die Thematik Vorurteile anzugehen«, erklärt Cengiz, der, angeregt durch die von Thilo Sarrazin angestoßene Diskussion um Migration, etwas bewegen wollte. Das von ihm

Die neue »Miss Turkuaz« steht fest

entwickelte Logo, das auf der begehrten Schärpe der Siegerinnen der Misswahl zu sehen ist, vereint beide Kulturen: eine Tulpe als Symbol für die Türkei, kombiniert mit den Farben Deutschlands und einem Auge, das vor bösen Blicken schützen soll. Die Schönen, die beide Kulturen in sich tragen, sieht Cengiz als Botschafterinnen für gelungene Eingliederung. Sie alle sind unverheiratet, zwischen 18 und 26 Jahre alt, deutsche Staatsbürgerinnen oder haben bereits den deutschen Pass beantragt. Mindestens ein Elternteil stammt aus der Türkei.

Es ist der Beginn einer anstrengenden Woche vor dem Finale der »Miss Turkuaz«. Die 20 Teilnehmerinnen sind aus allen Teilen Deutschlands angereist und haben ihr Quartier, das Hotel »Courtyard by Marriott« in Gelsenkirchen, bezogen. Neben der Veltins-Arena mitten im Grünen gelegen, bietet es alle Annehmlichkeiten, die man sich wünschen kann: Restaurants, die einen mediterranen Genuss versprechen, Sauna, Solarium und einen guten Anschluss an das Verkehrsnetz. Falls sie vor den anstrengenden Tagen noch etwas für ihren Körper tun wollen, stehen den Frauen Fitnessgeräte zur Verfügung. Cengiz versteht diese Vorbereitungswoche als Chance, den jungen Deutsch-Türkinnen etwas mit auf den Weg zu geben. Dabei geht es ihm nicht um reine Informationsvermittlung. Wichtiger ist, das Gefühl zu transportieren, Stolz auf die eigene Herkunft zu sein und sich gleichzeitig dem Land anzupassen, in dem man lebt. Die Workshops, die er zusammengestellt hat, sind ungewöhnlich. Was ist der Unterschied zwischen »Träume haben« und »träumerisch sein«? Keine leichte Frage, doch durch Beispiele und einen Erfahrungsaustausch nähern sich die Teilnehmerinnen den Bedeutungen der Begriffe. Zudem treffen sie den Bürgermeister und Cengiz bringt ihnen die Regeln der Kommunikation bei, das ist sein Fachgebiet. Immerhin verfolgen mehrere Zeitungen und Fernsehsender aus Deutschland und der Türkei die Trainingswoche. Wer im Interview eine gute Figur macht und sich bestmöglich präsentiert, kann diese Erfahrungen für Beruf und Studium nutzen. Ein weiteres wichtiges Thema ist der Informationsaustausch im Internet, denn ein unbedacht gewähltes Wort online kann leicht ein schlechtes Bild auf den Verfasser werfen.

Gerüstet mit einer Menge Wissen und ausgestattet mit teuren Kleidern, warten die Anwärterinnen auf das Finale der »Miss Turkuaz«-Wahl, das im imposanten Hans-Sachs-Haus stattfindet. Ein Abend voller Emotionen erwartet sie. Vor Gästen und einer Jury, zur der in diesem Jahr unter anderem der Schalker Defensivspezialist Kaan Ayhan gehört, führen sie ihre einstudierten Tänze auf, stellen sich den Fragen der Juroren und schweben in verschiedener Kleidung über den Laufsteg. Ihre Familien sitzen im Publikum und sind stolz auf ihre Töchter.

COURTYARD BY MARRIOTT GELSENKIRCHEN
PARKALLEE 3
45891 GELSENKIRCHEN
WWW.COURTYARDGELSENKIRCHEN.DE

www.alodrink.de

Der Kampf meines Lebens

Francesco Pianeta trainiert im »Box-Club« in der Neustraße

Trotz all der Mythen, die sich um den vierfachen Boxweltmeister rankten, forderte Francesco Pianeta 2013 »Dr. Steelhammer« heraus. Er war sich sicher, diesen Wettstreit gegen Wladimir Klitschko gewinnen zu können. Seine Art zu kämpfen, sein starker Wille und die Kraft, die er aus der Bewältigung seiner Krankheit zog, ließen viele Fans an einen Sieg des Underdogs glauben.

Birgit Salutzki: Geboren in Italien, zogen Sie mit sechs Jahren nach Gelsenkirchen. Wann kam der Wunsch auf, Boxer zu werden?
Francesco Pianeta: Ich war noch ein Schulkind, als ich auf die Idee kam zu boxen. Das sollte eigentlich nur für mich sein, um mich fit zu fühlen. Ich hätte niemals gedacht, dass das Boxen mein Beruf werden würde.
Ihre ersten Boxversuche starteten Sie beim »BC Erle 49 e. V.« Welche Erinnerungen verbinden Sie mit dem Vereinsheim?
Dort lernte ich die ersten Schritte, daher werde ich diese Zeit nie vergessen. Das sind schöne Erinnerungen und bei Gelegenheit besuche ich den »Box-Club Erle« noch heute.
Bei Ihrer Geschichte denkt man an »The Italian Stallion«, Rocky Balboa. Wo liegen die Parallelen zwischen Ihnen und dem Filmhelden?
Die Balboa-Geschichte ist interessant, dennoch nur ein Film. Ich könnte nicht sagen, dass ich Ähnliches erlebt habe. Im Ring bin ich bis zum Klitschko-Kampf ungeschlagen geblieben, hatte nur eindeutige Siege. Die größte und schwerste Herausforderung war meine Krankheit. Mit Hilfe Gottes und meiner Familie schaffte ich es.
Gab es Boxer, die Sie beeinflusst haben?
Meine Vorbilder in dem Sinne waren die großen Boxlegenden Ali oder Foreman. Trotzdem kann ich nicht sagen, sie hätten meine Karriere beeinflusst. Wenn ein Boxer zum Training geht, möchte er auch im Ring stehen und an Wettkämpfen teilnehmen. Nach all den stressigen Trainingswochen einen Sieg zu erringen ist das, was mich immer wieder nach vorn gebracht hat. Ich wollte und will immer einen Sieg mehr.

Im Ring zählt nur ein Sieg

Ihr unbändiger Wille ließ Sie den Wettlauf gegen den Krebs gewinnen. Danach starteten Sie 2010 ein fulminantes Comeback.

Eine derartige Krankheit wünsche ich niemandem. Tatsache ist jedoch, man lernt daraus so viel, wie in kaum einer anderen Situation im Leben. Das stärkt einen automatisch.

Sie arbeiteten lange darauf hin, gegen Wladimir Klitschko kämpfen zu dürfen. Wo waren Sie, als Sie die Meldung erreichte, dass die Weltverbände den WM-Kampf erlauben?

Ich war im Trainingslager in München, als mein Promoter mich anrief und es mir mitteilte. Es war ein sehr schöner Moment für mich und mein Team. Ehrlich gesagt, habe ich es nicht sofort geglaubt. Im Boxen ändert sich vieles von heute auf morgen, eine kleine Verletzung und die Veranstaltung findet nicht statt oder sie wird verschoben. Ich wartete ganze zwei Monate, bis die Meldung öffentlich wurde. Diese Wartezeit war hart. Ungefähr eine Woche vorher, als das ganze Team mit mir nach Mannheim reiste, nahm ich wahr, dass es den großen Kampf geben würde. Es war eine der schönsten Wochen meines Lebens.

Die Chance, gleichzeitig um vier WM-Kronen zu kämpfen, ist eine große Ehre. Was motivierte Sie, die harte Vorbereitung zu überstehen?

Der Sieg. Ständig dachte ich daran, wie ich den Weltmeister besiegen würde. Mir war natürlich klar, wie schwer es werden würde, dennoch glaubte ich an den Sieg.

Eine Momentaufnahme: Sie laufen in den Ring der Mannheimer »SAP Arena« ein. Um Sie herum blitzen Kameras, die Fans in der Halle jubeln, am Fernseher sitzen Millionen Menschen. Was fühlten Sie in diesem Moment?

Das kann ich gar nicht beschreiben. Die »SAP Arena« ist sehr groß, daher auch der Weg von der Kabine zum Ring unendlich lang. Um mich herum nahm ich nicht viel wahr, fokussierte mich nur auf den Kampf. Aus diesem Grund kann ich die Minuten kaum beschreiben. Hinterher, als ich mir alles im Fernsehen anschaute, registrierte ich die überragende Kulisse. Es macht mich stolz, so einen Moment erlebt zu haben. Und doch habe ich mein Ziel nicht erreicht. Ich wollte unbedingt Weltmeister werden und konnte gegen den absoluten Superchampion Wladimir Klitschko meinen Traum nicht verwirklichen. Aber ich gebe nicht auf.

Zu einem Boxkampf gehören vom Wiegen bis zur Stunde der Wahrheit verschiedene Stationen. Was ist Ihnen besonders in Erinnerung geblieben?

Das ist eine Zeit, in der man anfängt, eine große Aufregung zu empfinden oder vielleicht Unsicherheit. Doch ganz im Gegenteil! Ich fühlte mich so selbstsicher und stark wie nie zuvor. Die vielen Meldungen meiner Fans gaben mir viel Kraft. Sie werden mir immer in Erinnerung bleiben.

Francesco Pianeta habe ein Kämpferherz, meinte Wladimir Klitschko, nachdem er seinen Gegner in der sechsten Runde ausknockte. Für den italienischen Boxer war es die erste Niederlage in 30 Kämpfen.

BOX-CLUB GELSENKIRCHEN-ERLE 49 E. V.
TURNHALLE DER MUSIKSCHULE
NEUSTRASSE 7
45891 GELSENKIRCHEN
WWW.BC-ERLE49.DE

Grenzenlose Kreativität
Evelyn Krick sucht im Westerholter Wald neue Wege

Im Gelsenkirchener Stadtforst, dem Westerholter Wald, wird sich Evelyn Krick stets bewusst, wie sehr ihr ganzes Leben in Bewegung ist. Dabei denkt sie nicht an die unterschiedlichen Pflanzen, die auf dem 28 Hektar großen Gelände des Buerschen Grüngürtels wachsen, sondern an die Wege, auf denen sie regelmäßig ihrem Tatendrang nachgeht. Bei Wind und Wetter erkundet sie neue Abzweigungen, um ausgetretene Pfade zu verlassen.

Ursprünglich stammt Evelyn Krick aus dem waldreichen Hessen, doch der Liebe wegen zog sie nach Gelsenkirchen. Eine Entscheidung, die ihr Leben von Grund auf veränderte. Um wieder in ihren erlernten Beruf als Industriekauffrau einzusteigen, fehlte es zu jener Zeit des Zechensterbens an geeigneten Jobangeboten. So lebte sie ihre Liebe zur Kunst aus. Sie studierte ihre Passion, organisierte Ausstellungen, gab Malkurse und engagierte sich im »Bund Gelsenkirchener Künstler«. Doch die Malerei bot nicht nur in kreativer Hinsicht Entwicklungspotenzial – die Gelsenkirchenerin lernte viel über sich selbst. Diese therapeutische Ebene wollte sie auch anderen eröffnen.

Nach einem weiteren Studium wurde Evelyn Krick Kunst- sowie Familien- und Traumatherapeutin. Die Verknüpfung von Kunst und Therapie empfindet sie bei ihrer Tätigkeit als sehr hilfreich. »Das Formen und Gestalten ermöglicht deutlich einen persönlichen Ausdruck. Wir sind uns nicht bewusst, wie sehr wir auch über das Malen unser Inneres nach außen kehren«, erzählt sie über die Grundlage ihrer Arbeit. »Bei Kindern erkennt man das bei der Farbwahl oder der Blattnutzung.« Die Heilkünstlerin liest aus den schöpferischen Werken ihrer Patienten. »Ohne Druck sollte die Kreativität sein«, betont sie, »egal ob man malt, singt oder tanzt. Sich frei von Leistungsgedanken zu machen und Spaß an der eigenen Ausdrucksfähigkeit zu haben, muss jedoch oft neu erlernt werden.«

Die Liebe zu den Menschen und ihren Schicksalen sowie die persönliche Verantwortung, die daraus erwächst, ließen die Thera-

Aus der Serie »Köpfe«

peutin 2010 mit dem »Soroptimist International Club Gelsenkirchen« in Kontakt treten, einer weltweiten Serviceorganisation berufstätiger Frauen. Ob Ärztinnen, Erzieherinnen oder Eventmanagerinnen – alle haben ein Ziel: Sie möchten etwas bewegen, sich dort einmischen, wo Menschen Hilfe benötigen. Dabei steht die regelmäßige Unterstützung und Weihnachtsbescherung im Frauenhaus Gelsenkirchen ebenso auf dem Programm wie die finanzielle Förderung diverser Sozialprojekte oder die Integration und Stärkung sozialer Kompetenzen von Schülern und Schülerinnen in den verschiedenen Gelsenkirchener Stadtteilen.

Im Jahr 2012 stellte sich Evelyn Krick der Verantwortung und übernahm für zwei Jahre die Präsidentschaft des Clubs. Eine Zeit, die sie nutzte, um weitere soziale Baustellen in der Stadt auszumachen und unbürokratische Hilfe anzubieten. Für den Tag ihrer Einführungsveranstaltung als Präsidentin wählte sie eine Aktion, die ihren Clubschwestern zeigte, was sie als Künstlerin und Therapeutin ausmacht: grenzenlose Kreativität. Mit der Deele in der Buerer

Lasthausstraße bot sich ein ausreichend großer Raum für ihre Pläne an. Den Gästen, die sich in Kittelschürzen warfen, stand ein kleines Atelier mit drei Leinwänden, Farben und Pinseln bereit. Die Frauen staunten über die Anweisung: »Malt irgendetwas, was ist egal!« Insgeheim hatten sie auf konkrete Instruktionen gehofft, schließlich lag der letzte Kontakt mit Malerei bei einigen schon Jahre zurück. Erst zaghaft, dann immer bestimmter strichen die Frauen über die Leinwände, füllten sie mit Leben und Emotionen. Der Nachmittag gestaltete sich zu einem interaktiven Kunstevent. Zusammen schufen sie drei Werke, die für die Gemeinsamkeit, für die Solidarität der Frauen stehen, Werte, die sich die Soroptimistinnen der ganzen Welt auf die Fahne schreiben. Der Stolz auf das Vollbrachte war so groß, dass die Frauen die Bilder auf dem jährlichen Spendenevent, der beliebten After-Work-Party, der breiten Öffentlichkeit präsentierten.

Um einen Ausgleich zwischen beruflichen und privaten Verpflichtungen zu schaffen, hält sich Evelyn Krick so oft es geht in ihrem Atelier auf. Dann bringt sie Farbe auf großformatige Leinwände auf, verarbeitet Papier oder formt kleine Charakterköpfe aus Ton. Nach getaner Arbeit schnürt sie ihre Laufschuhe, um in dem Stadtwald auf neuen Pfaden zu wandeln. Ein Leben im Fluss.

WESTERHOLTER WALD
WESTERHOLTER STRASSE/OSTRING
45894 GELSENKIRCHEN

Als Sven Hilling an einem sonnigen Tag im April 2014 mit dem Rad an der Katholischen Grundschule an der Sandstraße im Ortsteil Horst ankommt, steht ein großer Reisebus am Straßenrand. Das Fahrzeug ist der Arbeitsplatz des sympathischen Bartträgers. Er leitet als Gästeführer Stadtrundfahrten.

Lehrerin Anke Heckener, die an diesem Tag mit ihren Viertklässlern eine Tour machen wird, wartet auf dem Schulhof. Der Ausflug soll ein Highlight des Sachkundeunterrichts werden, in dem sie gerade das Thema »Meine Stadt« behandeln. Aufgeregt überlegen die Kinder, wohin sie die Reise führen wird. Schnell finden alle einen Platz im Bus. Anke Heckener ist sich nicht sicher, ob die quirligen Schüler die lange Fahrt durchhalten werden. Gerade in diesem jungen Alter ist der Bewegungsdrang hoch.

Hilling beruhigt sie. Es ist nicht seine erste Rundfahrt mit einer Klasse. Seit mehreren Jahren bietet er zwischen April und Oktober mehrmals im Monat eine Tour zu den schönsten Flecken Gelsenkirchens an. Rund 100 Minuten dauern die von der Stadt- und Touristinfo organisierten Fahrten im Doppeldeckerbus. Sind Schüler an Bord, steht nicht reine Wissensvermittlung im Vordergrund, sondern wird die Führung altersgerecht gestaltet. Deutlich wird dies bei der Besichtigung des Hans-Sachs-Hauses. Während Schüler der Oberstufe darauf brennen zu erfahren, wie kommunale Politik funktioniert, beschäftigen Grundschüler Fragen wie »Was ist ein Rathaus?« und »Welche Aufgaben hat ein Oberbürgermeister?« Aus diesem Grund versucht Hilling bei Touren mit Jüngeren, einen Besuch beim Stadtoberhaupt einzuplanen. Er zeigt ihnen, dass sie im Rathaus jederzeit willkommen sind, und sie können an Führungen teilnehmen oder sich über das umfangreiche Freizeitprogramm informieren.

Hilling, Mitglied der »Revierprofis«, einer Interessengemeinschaft der Gästeführer in der Region Essen, freut sich auf die heutige Rundfahrt. Während sich der Bus in Bewegung setzt, wendet er sich an die Kinder: »Was kennt ihr in Gelsenkirchen?« – »die Renn-

Pausenstopp auf dem Rungenberg

bahn«, »Schalke-Arena«, »Nordsternpark« tönt es aus den verschieden Richtungen. Der Gästeführer ist zufrieden. Er spürt das Interesse der aufgeweckten Klasse. Die Antwort auf seine nächste Frage, ob Gelsenkirchen eine junge oder alte Stadt sei, fällt den Schülern allerdings nicht leicht. Gemessen an ihren jungen Jahren, ist die einstmals größte Bergbaustadt Europas »uralt«, das steht für die Jungen und Mädchen nach einiger Diskussion fest. Hilling schildert jedoch anhand eines anschaulichen Beispiels, wie wenig Einwohner vor 200 Jahren hier lebten. Mit seiner lockeren Ansprache, bei der er Fakten in kleine Geschichten einbettet, erreicht er Aufmerksamkeit. So macht Lernen Spaß.

Inzwischen ist die Truppe am Nordsternturm angekommen, der den Nordsternpark im Norden begrenzt. »Da oben steht der Herkules«, ruft ein Junge. »Die Kinder finden die Skulptur hässlich, weil sie uns den Hintern zudreht«, plaudert ihre Lehrerin aus dem Nähkästchen, und sorgt damit für große Erheiterung. Während der Bus weiterfährt, erkundigt sich der Gästeführer: »Und wisst ihr, was in diesem Jahr 100 Jahre alt wird?« Schweigen. »Kleiner Tipp«, fährt Hilling fort. »Es handelt sich um eine große Verkehrsstraße.« Mit Straßen sind die Kinder vertraut. Die Kurt-Schumacher-Straße und die Horster Straße sind es allerdings nicht. »A 42?« Nein. Hilling schmunzelt, blickt aus dem Fenster und sagt: »Da fahren wir gleich rüber.« Schnell schauen die Schüler nach draußen. »Ach, der Kanal!« Über die Wasserstraße können viele kleine eigene Erlebnisse berichten.

Im weiteren Verlauf hören die Schüler noch zahlreiche Geschichten, die ihnen die Besonderheiten der Stadt und ihrer Viertel näherbringen. Sie erfahren von dem Bild des Heiligen in der St.-Josef-Kirche in Schalke, der Fußballschuhe trägt. Auch deckt der Stadtführer das Geheimnis der mit einer roten Protegohaube versehenen Rohre auf, aus denen zur Zeit des Bergbaus Gas abgeleitet wurde. Und weil langes Zuhören anstrengen kann, gibt es im Schloss Horst eine Trinkpause nebst anschaulicher Ausstellung über das Leben in der Ära der Renaissance. Bei der späteren Fahrt durch die denkmalgeschützte Schüngelbergsiedlung lernen die Kinder, dass es manchmal über 80 Jahre dauert, bis ein Bauprojekt fertiggestellt wird. Die Renovierung der ehemaligen Werkswohnungen der Zeche Hugo wurde erst im Rahmen der »Internationalen Bauausstellung Emscher Park« Ende des vergangenen Jahrtausends beendet. Hier reihen sich alte Zechenhäuser neben modernen Gebäuden. Das fällt den Kindern gleich auf. Bei einem letzten Stopp erobert die Gruppe den Rungenberg. Nach einer halben Stunde kommen alle mit echten Kohlestücken von der Spitze herunter, erstaunt über den tollen Rundblick, der ihnen geboten wurde.

Nach diesem Highlight ist die Reise beendet. »Jetzt schreibt ihr gleich noch einen Test«, neckt Hilling die laut protestierenden Viertklässler. Erschöpft, glücklich und mit vielen neuen Eindrücken steigen sie aus dem Bus. Alle sind sich einig: Am liebsten möchten sie weiterfahren, um noch mehr zu erleben.

SIEDLUNG SCHÜNGELBERG
SCHÜNGELBERGSTRASSE 1
45897 GELSENKIRCHEN
WWW.FÖRDERVEREIN-SCHÜNGELBERG.DE

Die gucken mir in die Seele
HG.Butzko macht am Grillo-Gymnasium Kabarett

In den 80er-Jahren gab es laut HG.Butzko am Grillo-Gymnasium zwei Gruppen von Schülern: Die eine machte sich Gedanken über Noten und Karriere, die andere sorgte sich um Natur und Frieden. Der Schüler Butzko, der 1985 sein Abitur machte, übte sich lieber in Gesellschaftskritik, als zu pauken. Als er an einem 1. Mai, dem Tag der offenen Tür bei den »Ruhrfestspielen Recklinghausen«, das Kabaretturgestein Hanns Dieter Hüsch live erlebte, konnte er es kaum glauben. Da stand der Mann, dessen Stimme er aus dem Fernsehen kannte. Statt der Synchronisation von »Dick und Doof« gab es politisches Kabarett auf die Ohren. Was Hüsch machte, berührte den jungen Butzko. Und dann zeigte auch noch Dietrich Kittner am selben Tag Ausschnitte aus seiner scharfzüngigen Darbietung. Obwohl sich HG.Butzko später zunächst für die Schauspielerei und Regie entschied, sollten ihn die beiden Größen der Szene prägen und seine Leidenschaft für die Bühnenkunst wecken. Heute brilliert der Gelsenkirchener als Kabarettist mit der unorthodoxen Art, komplexe politische Sachverhalte mit einfachen Worten zu erklären.

Birgit Salutzki: Ihr erstes Programm »Butzkolonne« führten Sie von 1997 bis 2000 auf. Wie kam es zu folgender Aussage einer Kritikerin: »Der Butzko rubbelt und reibt und schrubbt und wienert so lange, bis das Gelb des Einheitsbreies Braun wird«?
HG.Butzko: Ende der 90er war Comedy mit Sendungen wie »Quatsch Comedy Club« oder »RTL Samstag Nacht« total angesagt. Ich habe mein erstes Programm in diesen Kontext gestellt, habe mir überlegt, was passiert, wenn ich diesen Hype nehme und eine Situation konstruiere, in der ich Comedy machen soll. Ich entwarf also eine Figur, die von einem deutschen Privatsender als Comedian engagiert wird. Auf der Bühne erzählte sie minutenlang Witze über die Deutsche Bundesbahn, über Beziehungskisten – die ganzen ollen Comedy-Kamellen. Dann passierte was Interessantes: Bei der Ausarbeitung der Themen kam mir meine Jugend dazwischen: Gründungsphase der

Kabarett ist
Hirnprostitution.
Moralverkehr auf dem
Gedankenstrich!

Grünen, Anti-AKW-Bewegung, Friedensbewegung, Ostermärsche, Demos. Zwischendurch sagte die Figur Sachen, die nicht reinpassten, wetterte gegen Edmund Stoiber, Helmut Kohl, Gerhard Schröder, die FDP, was dem Privatsender nicht gefiel. Worauf die Figur, die zuvor Witze erzählte, sich plötzlich in einen Monolog reinsteigerte über die Gleichschaltung im Fernsehen. Dass alles ein seichter, weichgespülter Einheitsbrei sei, der nur unterhalten und ablenken soll. Das endete in einem Tobsuchtsanfall, weil die Figur eine moderne Form von Faschismus darin entdeckte.

Was war das für ein Gefühl, mit einem eigenen Text auf die Bühne zu gehen?

Ich bin ins Lampenlicht raus, stand da, legte los. Nach 10 bis 20 Minuten kam ein kleiner Schockschauer, von der Zirbeldrüse das Rückenmark runter bis in die Muffe. Mir wurde klar: Scheiße, ich spiele nicht den Text eines anderen Autors, ich bin ja nackt, die gucken mir in die Seele!

Sie planten zunächst wenige Aufführungen an Kleinkunstbühnen. Wie kam es zu Ihrem schnellen Erfolg?

Ich dachte mir, wenn's gut läuft, kommt eine Stadtteilbücherei oder ein SPD-Ortsverein auf mich zu. Wenn's schlecht läuft, sagen die Leute: »Butzko, lass es lieber.« Was passierte? Während einem meiner ersten Auftritte hörte Kabarettist Erwin Pelzig davon, was ich machte. Prompt vermittelte er mir einen kleinen Auftritt in München.

Während ich da agierte, saß im Publikum Otti Fischer, der mich zu seiner Sendung »Ottis Schlachthof« einlud. In dieser Sendung war Hanns Dieter Hüsch, einer meiner Jugendstars, ebenfalls zu Gast und lud mich zu sich in die Sendung ein. Das heißt, ich hatte gerade angefangen und kam innerhalb von wenigen Monaten katapultartig mit Leuten zusammen, die mich sofort gefördert haben. Das sind Vorgänge, die kann man nicht planen, die kann man sich nicht mal in seinen kühnsten Träumen erhoffen.

Wie wichtig ist Leidenschaft für das, was man tut?

Wer einen Beruf findet, der ihn mit jeder Faser mit Leidenschaft, Liebe und Hingabe ausfüllt, hat das größte Glück gefunden, das man im Kapitalismus erfahren kann. Da bin ich mir meiner privilegierten Situation durchaus bewusst. Wichtig ist, dass man den Begriffen »Karriere« oder »Geld« nicht die oberste Priorität einräumt. Ich war als Theaterschauspieler an einen Punkt gelangt, an dem ich mir sagte: »Lieber penne ich arbeitslos unter der Brücke, als mich weiter dermaßen knechten zu lassen.« Dass ich dadurch zum Kabarett fand, war wie eine Erlösung. Der Rest kam von selbst, hätte aber auch ausbleiben können. Ich hätte trotzdem weitergemacht, einfach, weil mein Herzblut drinsteckt.

Ihr Können bescherte Ihnen 2014 den Deutschen Kleinkunstpreis in der Sparte Kabarett. Dieter Hildebrandt äußerte sich lobend über Sie. Wie wichtig war der Ritterschlag des Großmeisters?

Die Sendung »Der Scheibenwischer« mit Hildebrandt war unser »Wort zum Sonntag«. Er faszinierte mit seinem regierungs- und gesellschaftskritischen Programm. Jahre später, nachdem ich selber Kabarettist geworden war, kam er zu meinem Auftritt. Als er mein Programm lobte und fragte: »Ich mach demnächst ein Projekt, willst du nicht mitmachen?«, dachte ich: Das darf nicht wahr sein. Vor Kurzem saß ich im Zuschauerraum, habe gebannt seinen Worten zugehört. Jetzt bin ich ein Kollege von ihm, bin mit ihm per Du.

Worin unterscheidet sich der Kabarett- vom Comedy-Zuschauer?

Im Kabarett gibt es manchmal Pointen, die muss der Zuschauer selbst

Das Bühnenprogramm beginnt

entdecken, indem er sie zu Ende denkt. Außerdem funktioniert Kabarett auch ohne Lacher. Manchmal reicht auch Schmunzeln oder ein inneres Aha-Erlebnis. Im Kabarett kann es passieren, dass es an einer Stelle Applaus gibt, ohne dass es zuvor zu einer anderen Reaktion kam, einfach weil man dem Publikum in irgendeiner Sache aus dem Herzen spricht. Kabarett darf auch besinnlich sein, sentimental, ernst oder sogar traurig. Man muss schlucken oder hält den Atem an. Kabarett verdrängt die Sorgen und Ängste der Leute nicht, sondern macht sie zum Thema. So, und jetzt lesen Sie die letzten zehn Zeilen noch mal, und ersetzen das Wort »Kabarett« durch »Comedy«.

Macht es stolz, wenn das Publikum an den richtigen Stellen gelacht hat und über das Erlebte redet?

Ich habe acht Jahre gebraucht und vier Programme, um herauszufinden, wie das, was ich mache, eigentlich funktioniert, wie der Autor Butzko einen Text schreiben muss, damit er unabhängig von der Tagesform des Darstellers Butzko ankommt. Die ersten Jahre lebten davon, dass ich auf der Bühne unheimlich Spektakel gemacht habe. Inzwischen funktioniert ein Programm, egal wie ich den Text vortrage.

Wo kommen die Ideen her?

Mich muss etwas in meinem Herzen erreichen, weil es mich wütend macht oder empört oder fassungslos. Ich erfahre zum Beispiel, dass die EU mit den USA hinter verschlossenen Türen ein Freihandelsabkommen verhandelt. Da geht es darum, dass Firmen in den USA und Firmen in Europa leichter gegenseitig ihre Waren auf dem jeweils anderen Markt absetzen können. Und dann erfahre ich, dass die EU dazu Richtlinien, Bestimmungen, Regeln und Gesetze auf-

74

weichen müsste, Qualitätsstandards runterfahren müsste. Damit dieses Abkommen erfüllt werden kann und die Amis ihre Produkte hier anbieten können, müssten wir den Verbraucherschutz sowas von in die Tonne kloppen, dass sich die Balken biegen. Jetzt kann man sagen: »Wollen wir nicht. Passt auf, liebe Amis, ihr dürft eure Ware hier anbieten, aber wir haben unsere Standards, haben Gesetze, die uns schützen.« Nun handeln sie aus, dass unabhängige Schiedsgerichte den Firmen einen Ausgleich zahlen. Nach dem Motto: »Ich habe so viel in die Herstellung eines Produkts investiert. Ihr kauft es mir nicht ab, weil ihr eure Standards habt. Dafür müsst ihr mich entschädigen.« Der Bürger in der EU hat nur die Wahl zwischen »Fress ich die minderwertige Ware aus den USA und bezahle dafür Geld« oder »Bezahle ich denen dafür Geld, dass ich es nicht fresse«. Wenn man sowas erfährt, frage ich mich, was hier los ist? Also arbeite ich mich rein, wühle mich rein, recherchiere und analysiere und versuche, mir selbst diese ganzen komplizierten Sachverhalte so zu erklären, dass ich sie verstehe.

Wie recherchieren Sie für einen Beitrag?

Drei bis vier Tageszeitungen plus Wochenzeitungen und Magazine zumindest querzulesen, ist für einen politischen Satiriker Pflicht. Dann weiß er, was thematisch gerade angesagt ist. Man ist gut beraten, sein Publikum da abzuholen.

GRILLO-GYMNASIUM
HAUPTSTRASSE 60
45879 GELSENKIRCHEN
WWW.GRILLO-GYMNASIUM.DE

700 Jahre Burghistorie zum Leben erweckt

Carlo Philippi lebt in der Lüttinghofallee seinen Traum

2011 wurde der damalige Geschäftsführer Carlo Philippi der »BP Gelsenkirchen GmbH« vom Bundesministerium für Familie, Senioren, Frauen und Jugend ausgewählt, in einer Broschüre über sein Leben zu berichten. Neben erfolgreichen Frauen, die von ihrem Spagat zwischen Karriere und Haushalt erzählten, stach der alleinerziehende Vater dreier Söhne mit seiner Geschichte heraus. Er gewährte einen Einblick in seine Familie, die ihm Zusammenhalt, Nestwärme, aber auch Zielstrebigkeit vermittelt hat. Tugenden, die ihn prägten und die er an seine Kinder weitergab. Nachdem seine Frau an Brustkrebs verstarb, war er plötzlich allein für alle Belange der Familie zuständig. Nicht einfach, wenn man einen Beruf ausübt, der 40 Wochenstunden weit überschreitet.

Während eines 14-stündigen Flugs nach Singapur auf dem Weg zu einem Jahrestreffen mit seinem damaligen Chef stand sein Entschluss, einen neuen Lebensabschnitt zu beginnen, bereits fest. Es war für den gebürtigen Grazer an der Zeit, andere Pfade zu beschreiten. Den Anstoß dazu, welche diese werden sollten, gab ein kleiner Artikel über die brachliegende Wasserburg Lüttinghof, den er während des Flugs las. Der Eigner, der »Landesverband Westfalen-Lippe«, suchte für die erstmals 1308 in einer Lehnsurkunde als »castrum Luttekenhove« erwähnte Festung einen neuen Pächter. Das alte Gemäuer lag einen Kilometer südlich des Dorfes Polsum, in dem Philippi aufgewachsen war, und einen Kilometer nördlich seines langjährigen Arbeitsplatzes bei der Gelsenkirchener Erdölraffinerie »BP«, bei der er die längste Zeit seines Berufslebens verbracht hatte ... Rein geografisch betrachtet, hatte es der studierte Maschinenbauer und Wirtschaftsingenieur nicht weit gebracht, wie sein Vater später bei einem Besuch bemerken sollte.

»Wie in meinem alten Leben für große Konzerne zu arbeiten, war gar nicht mehr in meinem Sinn. Die Aufgabe reizte mich. Es war etwas Neues, ganz Spezielles«, erklärt der heutige Burgherr seine Entscheidung. »Ich liebe Musik. Ich liebe Kultur. Ich liebe Dinge, die die emotionale Ebene ansprechen.« Mit Veranstaltungen hauchte Philippi der idyllisch gelegenen Festung, die abseits der Hauptverkehrsstra-

Die lichtdurchfluteten Innenräume der Burg

ße liegt und nur über einen schmalen Weg erreichbar ist, als Eventlocation neues Leben ein. Die Nachricht, dass das Schmuckstück im Norden Gelsenkirchens einen neuen Pächter besaß, sprach sich zügig herum. »Lüttinghof_Die Burg im Wasser« öffnete wieder das imposante Eingangstor für die Öffentlichkeit. Nach monatelanger Sanierung offenbarte sich die Festung optisch als eine gekonnte Symbiose verschiedener Epochen. »Die Differenz zwischen Alt und Neu beträgt hier mehr als 700 Jahre«, erläutert Philippi. »Alte Kerzenleuchter, Gobelins an den Wänden oder Ritterrüstungen finden Besucher hier nicht. Ich möchte das Altehrwürdige erhalten und durch neue Akzente i-Tüpfelchen zaubern.« Dieses Vorhaben ist ihm gelungen: Das außergewöhnliche Ambiente mit viel Glas, Stahl, hochwertigen Ledermöbeln und moderner Kunst weist eine klare Linie auf und bringt Leichtigkeit in die schweren Mauern.

Eines Tages ließen Philippi und seine Marketingleiterin Annette Schmitz gerade ihren Ideen zu neuen Events freien Lauf, als eine junge Frau den Hof betrat. Sie erzählte von früheren Spaziergängen entlang des Burggrabens, bei denen sie mit ihrer Familie die Natur erkundet hatte. Ihre glückliche Kindheit war eng mit diesem Platz verbunden.

Kein Wunder, dass sie sich für ihre bevorstehende Hochzeitsfeier keinen anderen Ort vorstellen konnte. Die Geschichte der Frau berührte den neuen Pächter. Er zögerte nicht lange und erfüllte ihr den Herzenswunsch. Heute, ein paar Jahre später, in denen Philippi viele Konzepte verwirklichen konnte, ist »Lüttinghof_Die Burg im Wasser« im Sommer stets ausgebucht. Auch bei den Veranstaltungen verfolgt Philippi eine klare Richtung. Er wehrt sich gegen alles, was den historischen Charakter der Burg unterstreichen würde. Statt Rittermahl setzt er auf Whisky-Tasting, Gourmetmenüs unter freiem Himmel, Jazzsessions, private Feiern und Tagungen. »Hier gibt es Burgfrieden«, betont er. Inmitten einer grünen Oase, umgeben von Vogelzwitschern und dem leisen Rauschen des Wassers, bietet die Festung einen idealen Rückzugsort für Verhandlungen. Hier ist man isoliert, ohne Internetzugang, denn zwischenmenschliche Kommunikation steht im Vordergrund.

Durch das angrenzende Landschaftsschutzgebiet lässt sich allerdings nicht jede Nutzung der Burg durchsetzen. Kein Grund, aufzugeben. Zusammen mit seiner Assistentin entwickelt Philippi Konzepte, die dem Zeitgeist und der Vielfältigkeit des Festungsbaus entsprechen. Für die Zukunft plane er eine Oldtimerrallye. Exklusive Partys mit jungen Leuten an Turntables, Beachvolleyballturniere – an Ideen mangelt es dem Burgherrn nicht. Auch weitere Veränderung des Grundstücks soll es geben: Angedacht ist ein idyllischer Grüngarten mit weißen Kieseln als Untergrund, in dem im Sommer Kaffee und Kuchen serviert wird. Ein Service für alle Spaziergänger und Gäste, die an diesem traumhaften Ort länger verweilen möchten.

LÜTTINGHOF_DIE BURG IM WASSER
LÜTTINGHOFALLEE 3–5
45896 GELSENKIRCHEN
WWW.WASSERBURG-LUETTINGHOF.DE

Früher schützte das Kehren des Kamins vor den Folgen eines verstopften Schornsteines. Seit dieser Zeit haben Schornsteinfeger den Status eines Glücksbringers. Für Stephan Planz war das einer der Gründe, diesen Beruf zu ergreifen. Zwar fasste er zunächst eine Lehre im Bankwesen ins Auge, doch Vater und Bruder überzeugten ihn von ihrem Gewerbe, indem sie ihn mit auf die Dächer nahmen. Dort oben, hoch über der Stadt, ist das Gefühl von Freiheit besonders groß.

Stephan Planz ließ sich anstecken und stieg ins Familienunternehmen ein. Die Entscheidung, eine Ausbildung zum Schornsteinfeger zu absolvieren, bereut er bis heute nicht. Inzwischen hat er längst seinen Meister gemacht und besitzt ein eigenes Geschäft in der Hermannstraße. Sein Bezirk, den er seit dem 1. Mai 2013 betreut, umfasst rund 1.000 Liegenschaften. In den letzten Jahren hat sich sein Handwerk stark weiterentwickelt. Seit Einführung des neuen Bundes-Immissionsschutzgesetzes 2013 steht der Umweltschutz bei der täglichen Arbeit im Vordergrund, sodass er Kunden in seinem Büro häufig bei Fragen zu Energie und Sicherheit berät.

Doch auch als Glücksbringer wird Planz geschätzt. So wurde er bereits zu einem 40. Geburtstag eingeladen, um dem Jubilar ein lebendiges Schwein zu überreichen. Gleich einer ganzen Ansammlung an Glücksbringern begegnet man beim Internationalen Schornsteinfegertreffen in Santa Maria Maggiore, an dem der Gelsenkirchener alljährlich teilnimmt. Dabei gedenken die schwarzgekleidete Männer aus aller Herren Länder bei einer Prozession den Kindern Italiens, die früher aus ihren Dörfern geholt wurden, um die Arbeit in den engen Schächten zu verrichten.

STEPHAN PLANZ
SCHORNSTEINFEGERMEISTER
HERMANNSTRASSE 12
45891 GELSENKIRCHEN
WWW.PLANZ-SCHORNSTEINFEGER.DE

Umgeben von Geistern
Tanja Bern begegnet am Berger See ihrer Romanfigur

Seit ihrer Kindheit drängt sich Mystik in die Gedanken von Tanja Bern. Geräusche und Bilder ihrer Umgebung verbindet die in Herten geborene Autorin mit ihren Träumen und webt daraus zauberhafte Geschichten. Als sie in ihrer Jugend an ihrem ersten Roman schrieb, den sie später als Reihe bei einem Kleinverlag veröffentlichte, merkte sie, wie sehr befreiend sie das Niederschreiben ihrer Gefühle empfand.

Birgit Salutzki: Ihre Romane erwecken bei Ihren Lesern Sehnsüchte nach einer anderen Welt, nicht zuletzt wegen Ihres bildhaften Schreibstils. Wie kam es, dass Sie sich nach mehreren Fantasywerken an einen Krimi wagten?

Tanja Bern: Diese Idee habe ich meiner Agentin zu verdanken. Sie fragte mich, ob ich auch einen Regiokrimi schreiben könnte und der erste Gedanke war tatsächlich: Nein! Ich sagte allerdings nichts, sondern spielte mit dieser Idee. Die Hauptfigur Joshua nahm es dann selbst in die Hand. Manchmal »sehe« ich meine Figuren, ähnlich wie Joshua die Geister, und so kam es, dass er sich mir als fertiger Protagonist vorstellte, in meiner Küche, als ich gerade einen Kaffee trank. Das hört sich verrückt an, aber ich wusste plötzlich seinen Vornamen, wie er aussieht, was er beruflich macht und dass er diese Geistergabe hat. Von da an entwickelte sich die Geschichte fast von selbst.

»Ruf der Geister«, im Oldigor-Verlag erschienen, lebt von der lebendigen Darstellung der Figuren. Der Protagonist Joshua Benning kommuniziert mit Geistern von Mordopfern. Wie haben Sie sich in diese Welt versetzt?

Die Geisterwelt fasziniert mich von jeher. Furcht empfand ich nie, eher eine gefühlsmäßige Verbindung. So fiel es mir nicht schwer, mich einzufühlen. Ich recherchierte einiges, verließ mich aber bei Joshuas Gabe eher auf meine Instinkte und auf die Bilder, die sich mir beim Schreiben zeigten.

Mystery-Krimi »Ruf der Geister«

Joshua Benning kümmert sich beruflich um gestrandete Jugendliche. Gibt es einen besonderen Grund, weshalb Sie den Beruf des Sozialarbeiters wählten?

Joshua ist ja nicht nur Sozialarbeiter, sondern Streetworker beim Jugendamt. Er betreut also die wirklich hoffnungslosen Fälle. Von Anfang an sah ich Joshua in dieser Rolle. Warum, weiß ich gar nicht so genau, es war ein Gefühl. Mir kam es vor, als hätte er mir erzählt, was er tut, was ihm wichtig ist. Ich selber helfe zudem auch gerne anderen Menschen, vielleicht hat sich das auf die Geschichte projiziert.

Dunkles Wuschelhaar, oft ein Lächeln im Gesicht und sich nie zu schade, Gefühle zu zeigen – der Geisterseher scheint laut Zuschriften vieler Leserinnen ein echter Traummann zu sein. Inzwischen besitzt er seine eigene Facebook-Seite. Was teilt er dort seinen Fans mit?

Mich hat die positive Resonanz auf Joshua sehr überrascht. Für mich war er nie der makellose Modeltyp, den man heutzutage so oft auf Buchcovern sieht. Er sollte ein Mann sein, den man im Ruhrgebiet durchaus antreffen könnte. Nicht auffällig, aber doch anziehend. Dass einige sogar erwogen, ihn zu heiraten, fand ich sehr amüsant, zeigte mir aber auch, dass ich ihn authentisch beschrieben habe. Auf seiner Face-book-Seite erzählt Joshua ein wenig aus seinem Leben nach »Ruf der Geister«. Mal sind es kleine Szenen, die er erlebt, mal Bilder von einer Fahrradtour. Ich versuche auch hier, ihn sehr realistisch darzustellen. Der Leser soll das Gefühl haben, direkt mit Joshua reden zu können.

Das Morden nimmt kein Ende. Dabei führen Sie den Leser zu ver-schiedenen Schauplätzen in Gelsenkirchen und Umgebung. Gibt es einen Ort, der Sie besonders inspiriert?

Der Berger See ist etwas Besonderes für mich. Wir gehen als Familie dort oft spazieren, und die Atmosphäre ist sehr idyllisch. Ich wusste von Anfang an, dass der See eine meiner Kulissen sein wird, was sich dort abspielen würde, war mir noch nicht klar. Es war ein kalter Win-ter, als ich für den Roman Fotos schoss. Der Berger See war vereist, die Umgebung eingeschneit. Ich steckte emotional sehr tief in Joshuas Figur und betrachtete den leichten Nebel über dem Eis. Da wusste ich, genau hier wird einer der Morde passieren und Joshua wird den Geist der Frau im Dunst des Eises finden.

Zeit, um die Geschichte des zweiten Teils von »Ruf der Geister« zu Papier zu bringen, bleibt Tanja Bern wenig. Ihre fantastischen Ideen finden inzwischen bei vielen Menschen Gehör. Aber manchmal, wenn sie nach einer langen Schreibodyssee in ihre Küche geht, um sich eine Tasse Kaf-fee aufzubrühen, gesellt sich ihr Buchcha-rakter Joshua Benning zu ihr. Dann setzt er sich neben sie, erzählt aus seinem Le-ben, und die Autorin macht sich Notizen zu der ein oder anderen Szene …

BERGER SEE
ZUGANG ADENAUERALLEE
45894 GELSENKIRCHEN

»Ach, Sie sind der, der diese Livegeschichte im Internet gemacht hat!« In Galerien auf der ganzen Welt wird der Innenarchitekt und Künstler Christian Nienhaus wiedererkannt. Der Grund für seinen Bekanntheitsgrad ist eine Aktion, die es mit ihrer Einzigartigkeit ins Guinnessbuch der Rekorde geschafft hat. Seine Kreativität lebt Nienhaus in seinem künstlerischen Zuhause am Gelsenkirchener Nordring aus.

Seine Bilder sind niemals gradlinig, sondern laden zum Entdecken ein. Mit Kohle geschriebene Verse oder Ideen, die der gebürtige Gelsenkirchener in seinem Tagebuch festhält, finden zunächst einen Platz auf der noch jungfräulichen Leinwand. Die eine oder andere Notiz verirrt sich dabei auf die Rückseite. Die scheinbar wahllos dahingeschriebenen Worte gehören genauso zum Gesamtkonzept wie die mehreren Farbschichten, die Nienhaus im Folgenden übereinander aufträgt. Nichts wird dem Zufall überlassen. Der Künstler spielt mit einem Wechsel aus Intensität und Distanz. Jeder Stich, jeder Farbklecks bildet ein Fragment der Einheit. Nienhaus' Gemälde sowie seine dreidimensionalen kinetischen Objekte, die sich durch mechanische oder elektrische Antriebe bewegen, erzählen Geschichten. Inspiration erfährt er aus dem Leben, hadert oft monatelang mit einem persönlichen Erlebnis, bevor er es mit seinen Händen zu einem Kunstwerk verarbeitet. Nach diesem emotionalen Finale fällt die Spannung von ihm ab. Bis es dazu kommt, kann es bei Projekten wie »Meine Dompteurin«, dessen thematischer Umfang breit gefächert ist, mitunter einige Jahre dauern. Als Schlusspunkt trägt Nienhaus Schellack auf, der den Bildern einen interessanten Glanz verleiht. Die schillernde Schicht bietet dem Betrachter im Tages- oder Kunstlicht ständig neue Sichtweisen. »Dass es keinen Stillstand gibt, ist mir sehr wichtig, denn auch mein Gedankengang, den ich beim Malen habe, fließt weiter«, erklärt Nienhaus. Je nach Thema stellt sich dann bei ihm Glück, grenzenlose Freude oder Traurigkeit ein.

Während die Schaffensphase den Künstler aufwühlt, fällt ihm der spätere Verkauf leicht. 2009 fand Nienhaus, der aus einer Kauf-

Ein Bild der Reihe »Meine Dompteurin«

mannsfamilie stammt, einen Weg, durch die internationale Liveperformance »Inspire me« Menschen die Intention und den Prozess seiner Arbeit zugänglich zu machen. Bei dem interaktiven Projekt sollte jeder Zuschauer – egal, ob in Düsseldorf oder Hongkong – durch das Medium Internet die Möglichkeit haben, Teil seiner kreativen Schöpfung zu werden. Um die Darbietung in seinem Atelier live in die Welt hinauszusenden, nutzte Nienhaus die amerikanische Videoplattform »U-Stream«. Heute gang und gäbe, war dieses Vorgehen vor ein paar Jahren noch neu. Damit das Projekt auch die notwendige Öffentlichkeit erreichte, schrieb Nienhaus im Vorfeld Nachrichtenkanäle an, versendete Mails und Faxe. So wurde die Aktion um den Globus getragen: Mehr als 1.200 Zuschauer und 700 Inspirationen wurden Teil eines außergewöhnlichen Kunstwerks.

Am vorgesehen Start der Performance, am 22. März um 19 Uhr, saßen weltweit Kunstbegeisterte und Technikfreaks, die diese beispiellose Idee mitriss, vor ihren Computern. Der Livestream zeigte den Künstler vor einer Leinwand. Pinsel, Eimer, Tuben, Farbtöpfe, Spraydosen, sogar Stoffe lagen für ihren Einsatz bereit. Die Zuschauer an den Monitoren ließen mit ihren Beiträgen nicht lange auf sich warten und schickten Texte, Fotos und Musikstücke. Diese wurden dann vom Operator Maik Breilmann dem Künstler zugespielt. Der

Mediendesigner führte Regie, projizierte die Ideen per Videobeamer auf eine freie Fläche und kündigte an, woher die Beiträge stammten. Datei um Datei erschien auf den bespannten Holzrahmen. Nienhaus, der durch weiße Kleidung selbst zur Projektionsfläche wurde, setzte die Anregungen um, verwertete Grüße, skizzierte Porträts, übertrug Fotos, zeichnete Silhouetten, überdimensionierte Augen und Kamelköpfe nach.

Während sich das Kunstwerk Schicht für Schicht entwickelte, boten sich dem Publikum Showeffekte und denkwürdige Momente. Aus China, wo die Inszenierung aufgrund der Zeitverschiebung gegen Mitternacht begann, kam einer der schönsten Anstöße: ein mit einem Handy aufgenommenes Foto des Livestreams, auf dem alle Aktivitäten zu sehen waren. Dieser Beitrag war umso eindrucksvoller, da in China große Beschränkungen bei Internet-Uploads und -Downloads vorherrschen. Kurz vor Ende der Performance traf eine Nachricht eines Geschäftsmannes ein, der sich auf einem Flug von New York nach London befand. Die Show, die er auf seinem Laptop verfolgte, weckte die Aufmerksamkeit seines Sitznachbarn. Beide diskutierten lebhaft ihre Eindrücke und die extreme Vielfalt der Darbietung, die durch das World Wide Web ermöglicht wurde. Nach der Landung vereinbarten sie, gemeinsam etwas aufzubauen. Tatsächlich betreiben die beiden Geschäftsmänner heute zusammen eine Internetfirma mit über 400 Angestellten. In den Büroräumen der Londoner Zentrale hängt ein Gemälde von Nienhaus.

Eigentlich waren nur zwei Stunden für das Spektakel anberaumt, doch aufgrund des enormen Zulaufs dehnte sich die Aktion auf knapp vier aus. Ausladende Bewegungen, eine hohe Raumtemperatur – nach der Performance war Nienhaus nass geschwitzt, als hätte er einen Marathonlauf absolviert. Und doch hatte ihn die Arbeit so stark aufgewühlt, dass er bis zum Morgengrauen wach blieb. Als um 2 Uhr das Telefon klingelte und er den Anruf entgegennahm, tönte ihm eine Stimme in einer fremden Sprache entgegen. Ein Hörfunksender aus Japan, live on air. »Excuse me, this is not my langua-

»Inspire me« – der Künstler in Aktion

ge«, versucht Nienhaus sich verständlich zu machen. Bis die japanischen Radiomoderatoren registrierten, dass die Aktion in Deutschland stattgefunden hatte, vergingen fünf Minuten. Nach kurzer Klärung stand der Performer den Hörern aus Asien Rede und Antwort. Auch aus Mexiko kamen Gesprächsanfragen. Dort war der Freigeist seit der Vorstellung seines kinetischen Objekts »ErdSein« zur WM 2006 in aller Munde. Das Gebilde hängt derzeit in seiner Werkhalle. Es zeigt eine Erdkugel aus Acrylglas, bei der die Kontinente dank hydraulischer Hubmotoren nacheinander ausfahren. Indem sie sich wieder verbinden, erkennt der Betrachter die Botschaft: Fußball überwindet Grenzen und Konflikte, eint Völker.

Einer Leidenschaft, der Nienhaus als Ausgleich zum täglichen Künstlerdasein nachgeht, ist das Kochen. Bereits in seinem ersten Arbeitsraum während seiner Studienzeit bereitete er an einer kleinen Herdplatte Mahlzeiten zu. Je größer das Atelier später wurde, desto mehr Platz nahm die Küchenzeile ein. Nun kamen auch Familie und Freunde in den Genuss seiner kulinarischen Kreationen, wie Manuel Neuer, mit dem Nienhaus die »Manuel Neuer Kids Foundation« gründete. »Ich denke, die Kommunikation von der Kunst – die Philosophie, die Musik, die Literatur, das Zusammensein, die Gespräche – das ist genau das, worum es geht«, sagt Nienhaus. Als er schließlich eine ehemalige Lagerhalle komplett neu gestaltete und nach seinem Wünschen zum Atelier umfunktionierte, wusste er, dass hier etwas Besonderes entstehen würde. Ganz nach seinem Motto, neue Wege zu beschreiten, plante er den Küchenbereich in einer Größenordnung, die Maßstäbe setzte. Allein was Qualität, Schnelligkeit und

Leistung angeht, ist der High-End-Küchenblock des Gelsenkirchener Traditionsunternehmens Küpperbusch ein Traum für jeden Künstler am Herd. Beim Design erkennt man die Handschrift des Meisters, der es sich nicht nehmen ließ, bei der Gestaltung mitzumischen. Nienhaus fragte seine Freunde, unter denen sich viele Fernsehköche wie Frank Rosin, Nelson Müller, Björn Freitag und Holger Stromberg befinden, ob sie sich vorstellen könnten, in den Räumen eine Fernsehshow zu machen. Auch Produzenten gewann er für sein Konzept »Art meets Kitchen«, bei dem Perfektion am Kochtopf in einer außergewöhnlichen Atmosphäre mit Malerei verbunden wird. Inzwischen hat sich »Art meets Kitchen« etabliert. Mehrere Kochsendungen, Fotoshootings und Videos berichteten über die ungewöhnliche Location.

Und während der Künstler Sternekoch Nelson Müller beim Zubereiten der Speisen hilft, schwirrt ihm bereits die nächste Idee durch den Kopf. Christian Nienhaus, dessen kreative Wurzeln ebenso im Handwerklichen wie in der Fotografie und im Modedesign liegen, liebt einfach, was er tut. »Wenn man etwas mit Leidenschaft macht, kann man sicher sein, zufrieden mit seiner Arbeit zu sein. Und diese Zufriedenheit spiegelt sich in deinem schöpferischen Dasein wider. Mich künstlerisch darzustellen, ist ganz klar eine Verarbeitung von zu vielen Gedanken und zu viel Kopfkirmes.«

ATELIER CHRISTIAN NIENHAUS
NORDRING 30 A
45894 GELSENKIRCHEN
WWW.CHRISTIAN-NIENHAUS.DE

Ein Essen für viele Nationalitäten
Sternekoch Björn Freitag kocht im Bistro »Auf Schalke«

Wenn sich die Fußballer vom FC Schalke 04 nach einer anstrengenden Laufeinheit und einem anschließendem Training noch immer fit fühlen, ist das auch der Verdienst ihres Mannschaftskochs Björn Freitag.

Nachdem Freitag mit 23 Jahren das Dorstener Restaurant seiner Eltern übernommen hatte, erarbeitete sich der Koch in der Folge ein ausgezeichnetes Renommee bei den Gourmetführern »Gault Millau«, »Feinschmecker« und »Schlemmer Atlas«, das von Küchenkunst auf höchstem Niveau zeugt. 2010 entschied sich der Besitzer des Restaurants »Goldener Anker« dazu, den Sportlern seines Lieblingsclubs die Bedeutung von Vitaminen und Mineralstoffen näherzubringen. Die täglichen Aufgaben auf Schalke erfordern einen straffen Zeitplan. Schließlich gilt es, die unterschiedlichen Geschmäcker der kulturell vielfältigen Truppe zufriedenzustellen. Die Zusammenkunft soll eine Belohnung sein. Und auch wenn allen die gleichen Gerichte serviert werden, kommt die Individualität nicht zu kurz. Vor allem bei der Zusammenstellung der Salate und der Wahl der Dressings zeigen sich Unterschiede. Damit sein Konzept auch in die Haushalte der Fußballer einzieht, leitet Freitag zudem Kochkurse für die Spielerfrauen. Dort lernen sie unter anderem die Grundsätze einer kohlehydratreichen Ernährung kennen und erfahren, dass sich Fast Food und gesunde Kost nicht ausschließen.

Wenn Spieler und Betreuer des FC Schalke nach Feierabend vor ihren Fernsehern entspannen, sehen sie manchmal ihren Küchenchef wieder. Björn Freitag, der 2001 als jüngster Koch Deutschlands mit einem Michelin-Stern gekürt wurde, tritt in verschiedenen Kochsendungen auf.

MEDICOS.AUFSCHALKE
PARKALLEE 1
45891 GELSENKIRCHEN
WWW.MEDICOS-AUFSCHALKE.DE

Ein mutiger Schritt in die Freiheit

Sabine Haas und Pia Krawinkel von der »ZOOM Erlebniswelt«

Wildtiere verstecken ihre Krankheiten, um keine leichte Beute zu sein. Trotz allem erkennt Tierärztin Dr. Pia Krawinkel aufgrund ihrer langjährigen Erfahrung am Verhalten ihrer Schützlinge in der »ZOOM Erlebniswelt«, ob diese verletzt sind oder sich unwohl fühlen. Stellt sie einem leidenden Schimpansen die Frage: »Wo tut's weh?«, streckt dieser ihr faszinierenderweise sogar seine Hand entgegen oder deutet auf den verletzten Körperteil. Ein anderes spannendes Erlebnis verbindet ihre Kollegin Sabine Haas mit den charismatischen Menschenaffen. Die Diplom-Biologin, verantwortlich für Marketing und Kommunikation des Gelsenkirchener Zoos, vergleicht eine Gruppe Schimpansen gerne mit einem Unternehmen. Da gibt es eine festgelegte Hackordnung, jeder hat seinen angestammten Platz. Werden zwei Gruppen zusammengeführt, muss jeder seinen Rang in der unbekannten Konstellation neu finden. So geschehen 2005 in Gelsenkirchen, als sich der 1949 gegründete Ruhr-Zoo in die dem Naturschutzgedanken verpflichtete »ZOOM Erlebniswelt« verwandelte und sich der Tierbestand änderte.

Während mehrerer Jahre wichen die auf dem 31 Hektar großen Areal verteilten Behausungen einem modernen Konzept, das den Besucher durch die Themenwelten Alaska, Afrika und Asien lenken soll. Spannende Monate für die Planungsgruppe, der unter anderem Sabine Haas und Pia Krawinkel angehörten. Anstelle begrenzter Gehege sollten großzügige Landschaften entstehen, die dem natürlichen Lebensraum der Tiere nachempfunden sind. Bergregionen, Savannen, ein afrikanisches Fischerdorf und ein asiatisches Tropenparadies existierten zunächst nur in den Köpfen der Beteiligten, bis ein Computerprogramm die teils bahnbrechenden Neuerungen visualisierte. Interaktiv würde der zoologische Garten zudem werden, mit Bootstouren, Hochständen und einer Goldwaschanlage.

Nachdem zuerst die »Erlebniswelt Alaska« fertiggestellt worden war, begann 2006 die zweite Phase. Giraffen, Löwen, Flusspferde und Nashörner – für jede Gattung ließen die verantwort-

Auf einer Safari erlebt man die majestätischen Tiger hautnah

lichen Köpfe eine passende Umgebung entstehen und machten sich Gedanken über die Zusammensetzung der Tiere. Als die im Regenwald lebenden Schimpansen zur Sprache kamen, einigten sich die Beteiligten schnell über das weitere Vorgehen. Im Bestand des Ruhr-Zoos waren vier Primaten gewesen: eine Mutter mit zwei Söhnen und einer Tochter. In das neue, weitläufige Affenhaus mit angrenzendem Landschaftsgehege sollte jedoch eine homogene Gemeinschaft einziehen. Während die Männchen andernorts eine neue Heimat bezogen, blieb die Mutter Lady mit ihrer Tochter Djuba in Gelsenkirchen. Auf der Suche nach einer passenden Familie für die beiden Weibchen stieß Pia Krawinkel auf den »ZOOh! Zürich«. Da die dortige Haltung nicht mehr dem aktuellen Standard entsprach, suchte der Direktor Alex Rübel eine neue Unterbringung für seine Schimpansen, eine der wenigen reinen westafrikanischen Gruppen. Pia Krawinkel, promovierte Fachtierärztin für Zoo- und Wildtiere, reiste in die Schweiz und stellte das Gelsenkirchener Konzept vor. Dank des Projekts »Europäisches Erhaltungszuchtprogramm«, das die Zucht von in Zoo gehaltenen Tierarten koordiniert, war bereits die genetischen Verträglichkeit der beiden Affenfamilien festgestellt worden. Würde nun der Züricher Zoo die Menschenaffen der »ZOOM Erlebniswelt« überlassen? Als Krawinkel die Zustimmung erhielt, freute sie sich. »Es war sehr schön, dass wir eine komplette, harmonische Gruppe bekamen.«

Ähnlich den Menschen, bewegen sich Affen in sozialen Kreisen. »Wenn die ganze Verwandtschaft umzieht, ist das okay. Nimmt man die alte Oma aus dem Gefüge und setzt sie alleine irgendwo hin, wäre das schrecklich für sie.« Das Wissen um die Größe des künftigen Clans floss in die weiteren Überlegungen ein. Neben dem weitläufigen Gelände, für Gäste aus verschiedenen Winkeln einsehbar, sollte ein geräumiges Innenhaus mit Dschungelatmosphäre geschaffen werden. Verschiedene Möglichkeiten, die Tiere zu trennen, sollten für größtmögliche Sicherheit sorgen, immerhin können Wutausbrüche von Primaten ebenso denen von Menschen ähneln. Bis sich das neue Familiengebilde festigen würde, mussten Rückzugsorte geschaffen werden. »Die Tiere leben als Gefüge zusammen, trotzdem gibt es Konflikte«, betont Pia Krawinkel. »Wir ermöglichten Rundläufe, damit man sich aus dem Weg gehen kann.« Einzelboxen, in der Ecke angebracht, separat oder miteinander verbunden, dienten dem Abstand. Die anfangs fremden Tiere konnten sich dadurch gegenseitig beäugen, getrennt durch kleine Gitter, sogenannte Schnupperschieber. »Mithilfe dieser Vorgaben konnten wir es wagen, nach einer Quarantäne- und Kennenlernphase Mutter und Tochter in die Züricher Familie zu integrieren«, berichtet Sabine Haas.

Beim ersten Kontakt der »Gelsenkirchener« und »Züricher«, wie Mitarbeiter die Gruppen noch heute nennen, war das ganze Team anwesend. Die Fachtierärztin und anwesende Pfleger hielten Wasserschläuche in der Hand, um notfalls Streithähne auseinanderzutreiben. Sogar das Narkosegewehr lag bereit. Aufgrund ihrer Intelligenz sind alle Menschenaffen äußerst gefährlich, sogar Gorillas und die friedlichen »Roten«, wie Sabine Haas Orang-Utans liebevoll nennt. Mit ihrer stark ausgeprägten Armmuskulatur können erwachsene, geschlechtsreife Tiere jeden Pfleger niederringen. Zudem besitzen sie extrem spitze Eckzähne. »Schimpansen sind auf keinen Fall von vornherein böse«, wendet Pia Krawinkel ein. »Vielmehr verteidigen sie ihr Revier, gegen Menschen, Artgenossen oder gegen andere Eindringlinge.«

Gespannt beobachteten die Mitarbeiter der »ZOOM Erlebniswelt« die weitere Familienzusammenführung. Wie würden die Schimpansen aufeinander reagieren? Wer würde als Leittier die anderen anführen? In einer Primatenfamilie ist normalerweise der dominanteste Mann an der Spitze der Rangordnung, doch der junge Tai, der starke und geschlechtsreife Sohn des früheren Anführers der »Züricher«, hatte in dem neuen Gefüge zunächst einen schweren Stand, zumal er stets von seinem Vater umgeben war.

Auf einer Safari begegnen Ihnen Orang-Utans

»Neben der Kraft hat das mit Dominanz und Intelligenz zu tun. Auch wie clever einer ist, sich Verbündete zu holen, spielt eine Rolle«, weiß Diplom-Biologin Haas. Nebenbei buhlen die fortpflanzungsfähigen Weibchen um die Aufmerksamkeit des dominanten Männchens. Lady, die nahezu ihr ganzes Leben in Gelsenkirchen verbracht hatte, musste um diese Vorherrschaft kämpfen. Gegen die dominante Kiki mit ihren zwei Söhnen kam sie nicht an. Doch die Unterlegene wusste da noch nicht, dass ihre Glanzstunde noch kommen würde.

Als die Außenanlage mit Wurzeln, Baumstämmen und viel Gras fertiggestellt war, durfte die neu zusammengewachsene Schar schließlich auch das Freigelände erobern. Sabine Haas und Pia Krawinkel beobachteten gemeinsam mit einigen Mitarbeitern das Geschehen aus nächster Nähe. Die Türen öffneten sich. Nur vorsichtig trauten sich die Tiere auf den dahinter liegenden steinernen Absatz. Umgeben von einem Wassergraben lag vor ihnen eine freie Landschaft, die der natürlichen Lebensumgebung afrikanischer Schimpansen nachempfunden war. Üblicherweise quirlig und wissbegierig, zeigten sie in diesem Moment Respekt vor der hellen Sonne und der Weite der Freiheit. Lady, die nicht in einem Zoo zur Welt gekommen war, zögerte jedoch nicht lange. Sie schien sich an ihre ersten Lebensjahre zu erinnern, in denen sie als Star auf Schlittschuhen bei der Show »Holiday on Ice« mitgewirkt hatte und in den Pausen zwischen Proben und Auftritten auf einer Wiese herumtollen durfte, die durch einen Elektrozaun abgegrenzt gewesen war. Diese Art von Freiheit kannte sie. Souverän eroberte sie Kletterbäume, entdeckte das Grün der Landschaft, freute sich über das Abenteuer. Unerschrocken folgte Djuba mit Tatendrang der Mutter, während die anderen noch ängstlich auf dem Beton verharrten. Den umstehenden Mitarbeitern standen bei diesem Anblick die Tränen in den Augen. »In so einem Moment weiß man, wofür man gearbeitet hat«, kommentiert Sabine Haas den Mut der ältesten Schimpansin.

ZOOM ERLEBNISWELT GELSENKIRCHEN
BLECKSTRASSE 64
45889 GELSENKIRCHEN
WWW.ZOOM-ERLEBNISWELT.DE

Heiße Rhythmen und coole Moves

Venetia Harontzas tanzt mit Teens in der Dresdener Straße

Eine »Ola Flamenca« voller übersprudelnder Lebensfreude schwappte 2002 mit dem neu gegründeten Tanzfestival »GEspaña« durch Gelsenkirchen. Für Venetia Harontzas bedeutete die spanische Welle den Beginn eines aufregenden Projekts. Nachdem sich das Tanzfieber in anschließenden Workshops verstärkte, stellte die Leiterin »Lalok Libre«, einen Verein zur Förderung der lokalen Kinder- und Jugendarbeit, auf die Beine. Mit Unterstützung einer Trainerin des Flamenco-Festivals lernten Jugendliche zunächst, sich zu spanischer Folkloremusik zu bewegen. Interessenten, die bereit waren, pünktlich und regelmäßig zum Training zu kommen, gab es genug. Denn um erfolgreich zu sein, sind Verlässlichkeit und Disziplin unverzichtbar.

Die engagierten jungen Menschen, die meist aus Familien mit Migrationshintergrund kommen, akzeptieren die Bedingungen gerne, da sie merken, wie viel Energie Harontzas in das Projekt steckt. Zu jedem Tanz, den die Truppe neu einübt, wird dessen geschichtlicher Hintergrund besprochen. Die Teilnehmer lernen zum Beispiel, dass die ersten Roma als Wandervolk durch ihre indische Heimat zogen und die Frauen als Tänzerinnen für ihre leidenschaftliche Art, sich zu bewegen, bewundert wurden, während sie als Menschen jedoch nicht geachtet wurden.

Bereits nach seiner Gründung drängte das neu formierte Flamenco-Ensemble »Sin Nombre« darauf, sich der Öffentlichkeit zu präsentieren. Die Mütter nähten in tagelanger Handarbeit aufwendige Kostüme, Väter standen bereit, um Tische und Stühle für die Auftritte aufzubauen. Der Erfolg schweißte alle zu einer großen Familie zusammen, ganz gleich, aus welchem Land der Einzelne stammte.

LALOK LIBRE
DRESDENER STRASSE 87/
ECKE GRILLOSTRASSE
45881 GELSENKIRCHEN
WWW.LALOK-LIBRE.DE
WWW.GESPANA.DE

Auf dem Bildschirm flimmern Darstellungen aus einer Zeit weit vor seiner Geburt. Der Regisseur Frank Bürgin begutachtet einen Film über Gelsenkirchen aus den 50er-Jahren. Kaum zu erkennen ist die Stadt, was nicht nur an den Schwarz-Weiß-Bildern liegt. Es sind Szenen an vergessenen Orten, wie der Galopprennbahn in Horst, die 2002 ihre Pforten schloss. Männer in schicken Anzügen, mit Hüten auf den Köpfen, Damen in Sonntagskleidern. Das Fernglas in der einen, den Wettzettel in der anderen Hand, beobachten sie die Jockeys, die ihre Pferde zum Sieg treiben. Der Film zeigt Häuser, Plätze und Straßen, die nicht zu Gelsenkirchen zu gehören scheinen. Viele der heutigen Bauten gab es damals noch nicht, eine strenge Mode und ungewohnte Frisuren lassen die Menschen fremd wirken ...

Frank Bürgin sichtete für seine Dokumentation »Heimatabend – die Gelsenkirchener Zeitreise« eine Vielfalt an historischem Filmmaterial, das er in seiner Produktionsfirma »Zeitlupe« in der Leithestraße digitalisierte und zu einer flüssigen Bildfolge zusammenschnitt. Bei seinen Recherchen für das Projekt kam ihm seine jahrelange Arbeit als Journalist zugute. Wichtigste Quellen bildeten die Stadtfilme, die von 1952 bis 1996 alljährlich vom Stadtpresseamt produziert wurden, um das Leben in Gelsenkirchen festzuhalten. Nacheinander schaute sich Bürgin jedes Zeitzeugnis an, ab den 60er-Jahren in Farbe. Aufnahmen aus seiner eigenen Kindheit weckten Erinnerungen. Der Filmemacher puzzelte anhand markanter Punkte wie Gebäuden, die noch heute stehen, ein stimmiges Gesamtbild seiner Heimatstadt. Nachdem die Sequenzen in die richtige Reihenfolge gebracht waren, feilte er an dem begleitenden Text, bis er den richtigen Ton gefunden hatte, und sprach diesen in seinem Studio ein. Es entstand eine Hommage an Gelsenkirchen, die die wechselhafte Geschichte der Stadt eindrücklich veranschaulicht.

Zeitzeugen ergänzen das lebendige Stadtporträt, wie »die Stimme des Ruhrgebiets«, der Sportmoderator Werner Hansch, der

Kinoplakat »Heimatabend«

am 24. Februar 1973 als Ersatzsprecher von der Trabrennbahn zur »Glück-auf-Kampfbahn« nach Schalke geschickt worden war und bei diesem ersten berühmten Verlesen der Aufstellung die Spieler wie Pferde ankündigte. Die Gelsenkirchener Kurt Rudde und Karl Wolters lassen Momente nach dem Zweiten Weltkrieg aufleben, als ihre Heimatstadt in Schutt und Asche lag. Um die Trümmer zu beseitigen und Stein auf Stein wiederaufzubauen, musste Hand in Hand gearbeitet werden. Eine schwierige Zeit, in der das »Wirgefühl« geprägt wurde. Aus den 60er-Jahren berichtet Hans von der Forst, Leiter des »Rock Orchester Ruhrgebeat«, der es in jener Ära mit seiner damaligen Band »German Blue Flames« bis in die Hitparade schaffte. Er erzählt von den wilden Jahren, in denen Musiker anfingen, ohne Noten zu spielen und sich mit ersten englischen Liedtexten auf die Bühne wagten.

Als Bürgin mit dem Projekt begann, registrierte er, dass Bewohner des Ruhrgebiets einen Hang dazu haben, ihre Heimat schlechtzumachen. Vielleicht, weil sie nicht auf eine jahrhundertealte Historie zurückblicken können. Die Region ist ein Schmelztiegel, zusammengewürfelt aus Arbeitern, die in der einst wachsenden Industrie eine Chance für sich und ihre Familien sahen. Stolz auf die Heimat zu wecken, ohne den Blick nach vorne zu verlieren, dieses Ziel verfolgte er mit dem Film »Heimatabend«. Zu der Premiere in der »Schauburg« strömten neben älteren Herrschaften auch junge Leute, die sich für Stadtgeschichte interessierten. Sie tauchten ein in eine Zeit, in der der Käfer noch ein modernes Auto war, fühlten die Emotionen, die bei der Deutschen Meisterschaft des FC Schalke 04 im Mai 1958 in der Bevölkerung hochkochten. Manch einer erkannte seinen alten Arbeitsplatz auf der Zeche, andere verfolgten wehmütig die Eröffnung des Freibades Grimberg oder die Eindrücke der Fußballweltmeisterschaft 1974. Angesichts der Modesünden der 80er-Jahre – Vokuhila und Schulterpolster – huschte verstohlenes Grinsen über die Gesichter. Die Schließung der Stahlwerke und Zechen, der Anfang vom Ende, machte viele betroffen. Gerne erinnerte man sich an Papst Johannes II. im Papamobil, der 1987 im Parkstadion die Ehrenmitgliedschaft der »Knappen« annahm, und die Bundesgartenschau auf dem Gelände des Nordsternparks 1997. Nach der 95-minütigen Reise in die Vergangenheit erhoben sich nur wenige sofort aus ihren Sesseln. Der »Heimatabend« hatte ihre Gefühle berührt.

In den Wochen nach der Premiere konnten die Gelsenkirchener den Film über ihre Stadt in zehn weiteren Vorstellungen an fünf Spielorten genießen. Später griff der Westdeutsche Rundfunk das Konzept für eine Fernsehreihe auf. Frank Bürgin transportierte die Idee in andere Städte. »Heimatabend Gelsenkirchen« erreichte 2013 auf dem Sendeplatz um 23.15 Uhr als erfolgreichste Dokumentation des Jahres knapp 300.000 Zuschauer. »Wenn Menschen Bilder aus einer Vergangenheit sehen, der sie sich zugehörig fühlen, läuft ihr eigenes Leben noch einmal vor ihren Augen ab«, sagt Bürgin. Mit seinem Film gibt er ihnen den Stolz auf ihre Heimat zurück.

ZEITLUPE
LEITHESTRASSE 39
45886 GELSENKIRCHEN
WWW.ZEITLUPE.TV

Kanal in Flammen
Christoph Lottritz und Frank Lamfried im Nordsternpark

Für Christoph Lottritz steht die Wahl des Verkehrsmittels, mit dem er während der »ExtraSchicht« Veranstaltungsorte anfährt, von vornherein fest. Im Gegensatz zu vielen Besuchern, die während der »Nacht der Industriekultur« an diesem 28. Juni 2014 das kostenlose Shuttlesystem nutzen, steigt er aufs Fahrrad. Der Mitarbeiter des Veranstalters »Ruhr Tourismus GmbH« bringt in seiner Funktion als »Teamleiter Fahrradtourismus« Interessierten die Faszination des Ruhrgebiets auf zwei Rädern näher. Er kennt den Reiz einer Tour in dieser besonderen Nacht.

Lottritz' Wohnsitz im Stadtteil Ückendorf ist ein idealer Ausgangspunkt. Er wählt die Strecke entlang einer der alten Bahntrassen der »Route Industriekultur«, die mit einem 400 Kilometer langen Wegenetz Industriestandorte und Aussichtspunkte des Reviers verbindet. Den »ExtraSchicht«-Plan in der Tasche, der einen Überblick über alle Veranstaltungen bietet, macht er sich mit seiner Frau auf den Weg. Bei den vielen Angeboten fällt die Wahl schwer. An knapp 50 Standorten finden unter dem Motto »Zuhause in Europa« unterschiedliche Programme statt. Zechen, ehemalige Kokereien oder Eisenhütten begeistern während der jährlich stattfindenden »ExtraSchicht« mit irrwitzigen Installationen, elektrisierenden Showeinlagen und zahlreichen interaktiven Aktionen. Relikte vergangener Zeiten glänzen in einem neuen Gewand, veranschaulichen den Wandel des Ruhrgebiets zu einem individuellen Lebensraum mit rauem Charme. Kultur zum Entdecken. Ein großer Teil der Region wird an diesem Abend auf den Beinen sein.

Kein Licht erhellt den Weg, abgesehen von den Fahrradlampen. Als Lottritz und seiner Frau auf dem Weg entlang alter Zechensiedlungen andere Radfahrer entgegenkommen, hält man an und tauscht sich über die geplanten Ziele aus. Lottritz schätzt diese Offenheit der Einheimischen. Beim Passieren des Erzbahnkiosks erinnert er sich an das Nachtrennen »Speed of Light«. Gemeinsam mit nahezu 200 Zuschauern verfolgte er an diesem Ort die drei Tage andauernde Performance. Die Sportler, Botschafter ihrer Region, hatten mit ihrem Lauf

Höhenfeuerwerk an der Zeche Nordstern

in farbigen LED-Anzügen das Außergewöhnliche des verkehrsfreien Wegenetzes deutlich gemacht. Wo noch vor Jahrzehnten mit Erz und Kohle beladene Loren auf Schienen fuhren, suchen heute Freizeitradler in der Schönheit der Natur Ruhe. Doch Lottritz hält nicht bei dem Büdchen an, sondern fährt weiter zum Nordsternpark, einem der sechs größten Landschaftsparks des Ruhrgebiets. Hier muss man viel Zeit mitbringen. Stunden, auf die sich Lottritz und seine Frau freuen.

Die verschiedenen Performances im Nordsternpark bildeten ein Gesamtkunstwerk. Sorgfältig zusammengestellt wurden sie von Frank Lamfried, Abteilungsleiter der Stabsstelle Wirtschaftsförderung der Stadt. Monatelang war er mit der Planung beschäftigt und wartet nun gespannt auf die Vollendung. Würde es dieses Jahr einen neuen Besucherrekord geben? Der Bauassessor erlebte die Zuschauerentwicklung der 2001 aus der »Internationalen Bauausstellung« hervorgegangenen »ExtraSchicht« hautnah mit. Kamen anfangs 3.500 Gäste in den Nordsternpark, wuchs die Zahl mit den Jahren auf 25.000 an. Im letzten Jahr mussten sie das Amphitheater wegen Überfüllung schließen, so begehrt waren die Plätze. Doch heute macht der strömende Regen einen Strich durch die Rechnung. Auch ohne Bestmarke ist der Park voll, immerhin wird eine Menge geboten. Lamfried schwingt sich aufs Rad, um überall nach dem Rechten zu sehen. Schnell zum Kanal, prüfen, ob die Linienpläne des Schiffverkehrs aushängen. Liegen genügend Handzettel mit dem Programm an den Ausgabestellen? Ist die Beschilderung im Park angebracht?

In der anbrechenden Dunkelheit verbreiten die gelben, mit Helium gefüllten Schachtzeichenballone, die am Nachthimmel schweben, eine besondere Atmosphäre. Die erste Lasershow beginnt. Die Zuschauer sitzen unter Schirmen und staunen über die bunten Lichtstrahlen, die Gesichter und Texte in die Luft schreiben. Lottritz sitzt ebenfalls im Publikum, nachdem er die »Bombe im Bergwerk« besichtigt hat und trotz schlechtem Wetter auf die Plattform des denkmalgeschützten Nordsternturms gefahren ist. Nach der Lasershow wird er noch zwei weitere Ziele anfahren. Obwohl er in seinem Beruf bereits weit gereist ist und faszinierende Orte gesehen hat, findet er es in Gelsenkirchen am schönsten. »So ein Konzept wie die ›ExtraSchicht‹ funktioniert woanders nicht«, ist er sich sicher. »Man würde sich Lichtkunst und Kultur anschauen – das Thema Begegnung käme definitiv zu kurz.«

Währenddessen hat Lamfried mehrere Kilometer abgefahren. Die Veranstaltungen kann er selbst nicht genießen, zu groß ist die Anspannung. Dennoch ist ihm ein besonderer Event bei der »ExtraSchicht« in Erinnerung geblieben. »Vor Jahren führte ein Wasserski-Show-Team auf dem Rhein-Herne-Kanal eine atemberaubende Artistik vor. Die Fahrer bildeten eine Pyramide, während auf ihren Rücken ein Feuerwerk abbrannte. Es sah aus, als stünde der Kanal in Flammen.«

NORDSTERNPARK
AM BUGAPARK 1
45899 GELSENKIRCHEN
WWW.NORDSTERNPARK.DE
WWW.EXTRASCHICHT.DE

Zwischen 1949 und 1951 fuhr der Bergmann Werner Thiel in verschiedene Zechen des Ruhrgebiets unter Tage. Nach einer Unterbrechung von zehn Jahren nahm er 1961 seinen Beruf in der Zeche Consolidation wieder auf, bevor er 1992 endgültig seine Handschuhe an den Nagel hängte. Fortan widmete er sich als Künstler dem Ruhrbergbau, der sein Leben so geprägt hatte.

Als sich der Niedergang eines ganzen Industriezweiges andeutete, begann Thiel, Gegenstände aus dem Alltag eines Bergmanns zu sammeln und sie in seine kreative Arbeit einzubinden: Schrauben und Muttern, Beschilderungen, Telefone und Schutzausrüstungen. Unter anderem band er Grubenhelme zu einem drei Meter langen Gebilde zusammen: weiße, blaue, gelbe, grüne, teilweise mit individueller Verzierung, umhüllt mit Kohlestaub. Nie waren sich Steiger und Auszubildender näher. Auch die Handschuhe, die ihn und seine Kumpels unter Tage begleitet hatten, verarbeitete er zu einem Kunstwerk, indem er Hunderte davon zu einem überdimensionierten Exemplar zusammenfügte. Thiel schaffte ein Mahnmal gegen das Vergessen. Er ersann keine Titel für seine Schöpfungen, der Betrachter sollte sie aufgrund eigener Erfahrungen interpretieren.

Dass sein enger Vertrauter Helmut Bettenhausen, selbst Künstler, einen besonderen Ausstellungsort für sein Lebenswerk schuf, erlebte Thiel nicht mehr. Das denkmalgeschützte Maschinenhaus neben dem Stahlstrebengerüst über Schacht 9 der Zeche Consolidation beherbergt seit 2006 seine Sammlung faszinierender Fundstücke aus dem Ruhrbergbau.

ZECHE CONSOLIDATION SCHACHT 9
NÖRDLICHES MASCHINENHAUS
BISMARCKSTRASSE/ZUFAHRT ÜBER KLA-
RASTRASSE
45889 GELSENKIRCHEN

Am 26. Mai 2014 wurde Rüdiger von Schoenfeldt in seinen wohlverdienten Ruhestand verabschiedet. Mitten im Zentrum von Buer hatte er als Polizeipräsident über 16 Jahre die Geschicke der örtlichen Polizei gelenkt. Lange genoss der gebürtige Niedersachse die Nähe des Präsidiums zum Rathaus, das sich bis zum Umzug der Stadtverwaltung ins Hans-Sachs-Haus schräg gegenüber befand. Durch die kurze Distanz ließen sich doch eilige Dinge mit dem Oberbürgermeister schnell bei einer Tasse Kaffee bereden.

Birgit Salutzki: »Polizeipräsident«, das klingt nach Bürokratie. Wie sah Ihr Arbeitsalltag wirklich aus?
Rüdiger von Schoenfeldt: Ich verbrachte nur 10 bis 20 Prozent meiner Arbeitszeit am Schreibtisch. Ansonsten führte ich viele Gespräche, bekam Informationen und gab sie weiter. Ich repräsentierte die Polizei nach außen – eine Aufgabe, die mir sehr wichtig war. Die Menschen in Gelsenkirchen, für die ich zuständig war, sollten wissen, dass sie sich bei Sorgen und Nöten an mich wenden konnten. Ein weiterer Bereich war die Öffentlichkeitsarbeit, bei der mich unsere Pressestelle unterstützte. Und ich war vor allem dann am Zug, wenn es um brisante Themen ging wie Rechts-Links-Demonstrationen oder herausragende Kriminaldelikte.
Sie durchliefen nicht die klassische Polizeiausbildung, sondern studierten zunächst Jura. Gab ein spezielles Ereignis, das Sie dazu bewegte, in den Polizeidienst zu treten?
Nach meinem Jurastudium und dem anschließenden Referendariat entschied ich mich für die Verwaltung. Sicherlich hat mich das Polizeidezernat der Bezirksregierung in Münster, in dem ich zuerst eingesetzt wurde, besonders geprägt. Dort lernte ich zum ersten Mal die Polizei von innen kennen. Ich fand viel Spaß an der Arbeit, konnte mir vorstellen, künftig weiterhin in diesem Bereich tätig zu sein. Tatsächlich wurde ich in meiner weiteren Karriere stellvertretender Polizeipräsident in Bielefeld. Im Innenministerium war inzwischen

Polizeihunde absolvieren ein strenges Trainingsprogramm

bekannt, dass ich mich in diesem Bereich auskenne. So kam ich nach einer weiteren Station in der Bezirksregierung Arnsberg nach Gelsenkirchen.

Wie empfanden Sie die Stadt, als Sie 1998 nach Gelsenkirchen kamen und Ihre Tätigkeit als Polizeipräsident aufnahmen?

Was mich überzeugte, waren die Herzlichkeit der Gelsenkirchener und die Offenheit Neuem gegenüber. Ich wurde von Anfang an gut aufgenommen. Das Ruhrgebiet war immer schon mit zuziehenden Menschen verbunden, die allermeisten von uns haben eine Zuwanderungsgeschichte. Davon lebt diese Region.

Die Stadt vollzieht einen Wandel, stellt sich in vielen Bereichen neu auf, um bei Themen wie Solarenergie oder auch das Zusammenleben der Generationen eine Vorreiterrolle zu übernehmen. Was bedeutete das für Ihre tägliche Arbeit?

Der Bereich Technologie hatte für uns weniger Auswirkungen. Aber es gibt hier gleichwohl neue Arbeitsfelder. Man sagt ja, das Ruhrgebiet wird bunter. Es zeichnet diese Behörde aus, dass sie sich um andere Kulturen kümmert, insbesondere muslimische Menschen im Stadtgebiet, zu denen mittels eigener Ansprechpartner sehr enge Kontakte gepflegt werden. Ich halte es für wichtig, dass wir uns auf Menschen einstellen, die eine andere kulturelle Identität haben, und mit ihnen einvernehmlich zusammenleben. So haben sie keine Angst vor der Polizei, sondern begreifen die Zusammenarbeit als Chance. Gerade Muslime reagieren sehr stark auf persönliche Ansprache. Man kann 1.000 Briefe schicken, da passiert nichts, aber wenn man einmal hingeht, gemeinsam Tee trinkt, hat man die Herzen gewonnen. Das hilft auch bei der Präventionsarbeit. Doch Gelsenkirchen wird nicht nur bunter, sondern auch älter, es gibt mehr Seniorinnen und Senioren, die fit und mobil sind. Da muss die Polizei im Bereich Unfall- und Kriminalvorsorge aktiv sein.

Hand aufs Herz – wie viel Prozent der Mitarbeiter im Präsidium sind Dortmund-Fans?

Wir wissen es nicht, aber ich schätze unter 5 Prozent. Vielleicht finden sich ein paar versteckte Sympathisanten. *(lacht)* Es gibt die üblichen Frotzeleien zwischen den Kollegen der verschiedenen Dienststellen. Wir hatten mal bei der Dortmunder Behörde einen Einsatzleiter für Fußballspiele, der ging in das Stadion immer mit blau-weißem Schal, war ein absoluter Schalke-Fan. Das mussten die Dortmunder aushalten. Auch der ehemalige Polizeipräsident in Dortmund ist Schalke-Fan, was zu vielen Diskussionen führte. Jedenfalls werden im Hause Dortmund-Fans weder verprügelt, noch bekommen sie schlechte Beurteilungen.

Eine besonders feine Nase kennzeichnet die Tiere der Hundestaffel. Wonach schnüffeln sie? Welcher Fund erregte am meisten Aufsehen?

Die Hundestaffel ist für uns ganz wichtig. Ein Team besteht aus einem Hund und seinem Führer, der seinen Partner zu Hause unterbringt, bis er im Alter von acht bis zehn Jahren in Pension geht, weil er seine Leistung nicht mehr erbringen kann. Früher wählte die Polizei Deutsche Schäferhunde, die heute jedoch teilweise überzüchtet sind. Daher ist man auf die kleineren, leistungsfähigen Belgischen Schäferhunde übergegangen. Hierzu betreibt die Polizei eine eigene Zucht nebst Ausbildungszentrum in Schloss Holte-Stukenbrock.

*Für das Training ist ein Spieltrieb Vor-
aussetzung*

Bevor ein Tier in den Dienst treten kann, muss es eine Prüfung absolvieren, die jedes Jahr wiederholt wird. Grundsätzlich kann man sagen, dass als Grundlage des Trainings ein großer Spieltrieb vorhanden sein sollte. Unsere Tiere haben Doppelfunktionen: Aufgrund ihrer scheinbaren Gefährlichkeit haben Schutzhunde eine große Wirkung auf Täter. Daher müssen sie in Situationen hineingehen, um bestimmte Personen aufzuspüren. Viele von ihnen erhalten eine Spezialisierung als Rauschgift-, Sprengstoff-, Leichenspürhund oder Mantrailer. Wobei gerade das Schnüffeln von Rauschgift oder Sprengstoff eine sehr anstrengende, konzentrierte Tätigkeit ist, die sie maximal eine Stunde leisten können. Die vielen Gerüche, die auf sie einströmen, muss man sich wie bei einem Parfumkauf in einer Drogerie vorstellen. Nach der fünften Probe ist auch unsere Nase dicht, das ist bei dem Tier nicht anders. Den letzten großen Fund hat ein Spürhund im September 2013 entdeckt: 500 Gramm Kokain, Verkaufswert rund 30.000 Euro, in ein Mauerwerk eingemauert. Tolle Sache!

Die Darstellung der Kriminalpolizei im Fernsehen reicht von solider Aufklärungsarbeit der »Tatort«-Kommissare bis zu abenteuerlichen Verfolgungsjagden à la »CSI: Miami«. Welches Bild ihrer künftigen Arbeit haben Polizeianwärter?

Einstellungsberater versuchen ein möglichst realistisches Bild abzugeben. In der dreijährigen Ausbildung erlernen die Anwärter alle Fähigkeiten aus den drei Schwerpunkten Streifendienst, Kriminalpolizei und Verkehrsunfallbekämpfung. Im Anschluss gehen sie in den Streifendienst, dann zwei oder drei Jahre oder länger zu Polizeibehörden, die Hundertschaften haben. Dort sind sie bei großen

Veranstaltungen wie Fußballeinsätzen und Demonstrationen dabei. Der größte Teil entscheidet sich danach für einen dieser Bereiche. Ein Teil der Mitarbeiter möchte sich über die Behörde hinaus weiterentwickeln. Hierfür bieten Ausschreibungen auf Landesebene interessante Tätigkeiten bei Spezialeinheiten, als Hubschrauberpiloten oder Motorradfahrer. Natürlich muss man zunächst Eignungsprüfungen ablegen, wobei speziell die körperliche Fitness im Fokus steht. Passt der Bewerber in das Gefüge und genügt er den Anforderungen, wird er aufgenommen.

Die Anmeldezahlen für eine Laufbahn im Polizeidienst sind seit Jahren sehr hoch. Was reizt junge Frauen und Männer an diesem Beruf?

Bei der Polizei findet man Menschen, die leistungsfähig sind, die sich nicht vorstellen können, den ganzen Tag am Schreibtisch zu sitzen. In den einzelnen Dienststellen und auf den Touren muss man sich auf seine Kameraden verlassen, daher herrscht ein sehr gutes Betriebsklima. Viele junge Leute reizt das Gefühl, etwas für die Gesellschaft zu tun, indem sie bei der Verhinderung oder Aufklärung einer Straftat helfen oder Menschen aus hilflosen Lagen befreien. Das beweisen auch die Einstellungszahlen: Für die zurzeit 1.500 Stellen, die wir jährlich landesweit besetzen, haben wir 7.000 Bewerbungen.

Ein Vermächtnis des langjährigen Polizeipräsidenten, das ihm am Herzen liegt, ist das Engagement der Polizei beim Präventionsrat Gelsenkirchen (PräGE). Einmal im Jahr vergibt die Institution einen Präventionspreis an Menschen, die sich um die Sicherheit in allen Lebenslagen verdient gemacht haben.

POLIZEIPRÄSIDIUM GELSENKIRCHEN
RATHAUSPLATZ 4
45894 GELSENKIRCHEN

28 *Klaus Schmeh entwickelt im Wissenschaftspark geheime Zeichen*

In »Nicht zu knacken«, einem seiner Bücher, führt Kryptologe Klaus Schmeh den Leser in eine Welt voller Geheimnisse. Er berichtet von ungelösten Verschlüsselungsrätseln von Spionen im Kalten Krieg, einem Mörder mit einem ungewöhnlichen Bekennerschreiben und der Botschaft eines Künstlers. Wahre Begebenheiten, die die Meister der Kryptologie noch immer zum Grübeln bringen.

Birgit Salutzki: Wann wurde Ihr Interesse für die Kryptologie geweckt?
Klaus Schmeh: Eigentlich erst im Studium. Ich habe Informatik in Karlsruhe studiert. Da gab es ein Institut, das darauf spezialisiert war. Ich musste irgendeine Veranstaltung belegen, und es war alles besetzt. Kryptologie war übrig. Mir fehlte das geforderte Vorwissen, und so musste ich mich in die Materie einarbeiten. Später merkte ich ziemlich schnell, dass es das ist, was ich wollte.
Was macht für Sie den Reiz dieser Wissenschaft aus?
Zum einen finde ich die Historie sehr spannend. Daher habe ich mich von Anfang an intensiv mit diesem Teil der Verschlüsselungstechnik befasst, vor allem mit der Verschlüsselungsmaschine der Deutschen im Zweiten Weltkrieg, »Enigma«. Sie fasziniert allein durch ihre spektakuläre Geschichte. Inzwischen haben Codeknacker eine Nachricht entschlüsselt, die kurz nach Hitlers Tod versendet wurde. Zum anderen gefiel mir, nicht nur irgendwelche theoretischen mathematischen Berechnungen auf dem Papier zu machen, sondern ganz konkrete Anwendungen, die auch etwas nutzen.
Sie zählen weltweit zu den führenden Experten in historischer Verschlüsselungstechnik. Können Sie jeden chiffrierten Text knacken?
Nein, kann ich nicht. Ich muss zugeben, dass ich nicht der große Codeknacker bin. Ich fühle mich eher als Journalist und Schriftsteller. Die Nächte mit dem Aufdecken von Mysterien zu verbringen, überlasse ich lieber anderen.
Verwendet man beim Verschlüsseln von Codes immer feste Muster, oder wie muss man sich das vorstellen?

Das »Voynich-Manuskript«

Es gibt ganz unterschiedliche Möglichkeiten. Man kann beispielsweise jeden Buchstaben ersetzen, was am einfachsten zu lösen ist. Auch deren Reihenfolge kann man ändern. Auf den ersten Blick hört sich das nicht besonders sicher an. Aber es ist schon schwierig, so etwas zu enträtseln. Vor allem bei sehr langen Texten gibt es fast beliebig viele Möglichkeiten.

Verschlüsselt man manuell oder werden dafür Computerprogramme genutzt?

Heutzutage verwendet man Computer. Aber im Kalten Krieg gab es nicht allzu viele davon. Die Idee war, ein Handwerkszeug für Spione zu haben, mit dem sie arbeiten können. Computeranlagen waren viel zu groß, aber auch andere Maschinen bargen Risiken. Man durfte sich nicht mit etwas, das aussah wie eine Schreibmaschine, erwischen lassen. Experten erkannten sofort die wahre Verwendung. Sollte man etwa erklären: »Zufällig arbeite ich bei der Regierung …«?

In Ihrem Blog berichten Sie über neue Erkenntnisse in der Kryptologie, stellen den Lesern Aufgaben. Welche Zielgruppe sprechen Sie an?

In dem Webportal stelle ich Rätsel ein, von einfach bis ganz kompliziert. Ich will alle an dieser Wissenschaft Interessierten ansprechen, nicht nur Fachleute.

Ihre berufliche Heimat haben Sie seit über zehn Jahren bei der im

Wissenschaftspark angesiedelten Firma »cryptovision« gefunden. Wie können Sie heute, nach all den Enthüllungen über geknackte Codes, Ihren Kunden ein sicheres Computersystem garantieren?

Ich denke, jemand, der sich auskennt, weiß, dass es heute gute Verschlüsselungsverfahren gibt, gegen die hat auch die NSA keine Chance. Von daher kann man sich gut schützen. Wir arbeiten mit vielen großen Kunden wie der Bundeswehr zusammen. Die fällt nicht aus allen Wolken, wenn sie von Bespitzelung von Politikern erfährt.

GWUP, »Die Gesellschaft zur wissenschaftlichen Untersuchung von Parawissenschaften«, ist ein weiteres Steckenpferd von Ihnen. Dort geht es unter anderem um überlieferte Ereignisse in Verbindung mit paranormalen Phänomenen und Kryptologie. Gibt es in diesem Zusammenhang besonders kuriose Fälle?

Ich denke, das wichtigste ist das »Voynich-Manuskript«. Das ist ein verschlüsseltes Buch aus dem Mittelalter. Es gilt als das bedeutendste ungelöste Rätsel. Weder der Inhalt ist lesbar, noch ahnt man die Bedeutung der Bilder. Ich habe eine Kopie davon. Leider haben sich auch die Esoteriker drauf gestürzt. Es gibt mindestens 25 Leute, die meinen, sie hätten das Rätsel decodiert. Keine der Erklärungen ist plausibel. Einige behaupten sogar, das Buch sei außerirdischen Ursprungs.

Der Gelsenkirchener Wissenschaftspark, der 1995 auf dem Gelände des Technologiezentrums erbaut wurde, verfügt über eines der international größten auf einem Dach installierten Solarstromkraftwerke. Das futuristisch anmutenden Gebäude mit einer 300 Meter langen Glasarkade bietet ideale Bedingungen für Firmen, professionelle Foto- und Filmaufnahmen sowie Messen.

WISSENSCHAFTSPARK GELSENKIRCHEN
MUNSCHEIDSTRASSE 14
45886 GELSENKIRCHEN
WWW.WIPAGE.DE

Höchste Eisenbahn für die zersägte Dame

Maegie Koreen musiziert auf der Bahnhofstraße

»Nein, gar nichts, nein ich bedauere nichts
Nicht das Gute, das mir widerfahren ist
Nicht das Schlechte, all das ist mir egal
Nein, gar nichts, nein ich bedauere nichts
Ich habe bezahlt, weggefegt, vergessen
Ich habe mit der Vergangenheit abgeschlossen!«

Als sie als 14-jähriges Mädchen auf der Bahnhofstraße »Non, je ne regrette rien« von Edith Piaf sang, ahnte sie nichts von der Bedeutungsschwere der Worte. Maegie Koreen wollte nur singen, wie ihr Vorbild Piaf, die ihre Weltkarriere als Straßensängerin begann. Mit der Gitarre begleitete die Gelsenkirchenerin sich selbst. Der Klang ihrer kräftigen, klaren Stimme brachte die Passanten dazu, stehen zu bleiben. Sie fühlten die Dramatik der Zeilen, die so gar nicht zu dem jungen Alter der Sängerin passten.

Maegie Koreens Stil war geprägt von den Schallplatten ihrer Eltern. Im Chanson mit seiner poetischen Bildsprache fand die junge Frau ihre musikalische Heimat. In den 70er-Jahren Bühnen zu finden, auf denen Künstler ihre Lieder interpretieren durften, war nicht leicht. Die Bahnhofstraße bot für Maegie Koreen eine Chance, sich zu präsentieren. Auf der Haupteinkaufsstraße im Herzen Gelsenkirchens tummelten sich am Wochenende viele Menschen, angezogen von den großen Kaufhäusern.

Zu jener Zeit suchte dann der damalige Südwestfunk für die Fernsehsendung »Talentschuppen« nach Gesangstalenten. Koreen versuchte ihr Glück und bewarb sich bei einer der regionalen Ausscheidungen. Ihre Darbietung gefiel den Verantwortlichen. Zusammen mit den Siegern der anderen landesweiten Wettkämpfe wurde sie für eine Woche zum Finale auf der Funkausstellung in Berlin eingeladen. Dort traf sie erstmals Showgrößen wie den amerikanisch-französischen Chansonnier Charles Aznavour. Ähnlich heutigen Castingshows, stellten sich die jungen Künstler einer Jury. Begleitet vom mitreißenden Sound des Fernsehorchesters sang sich Maegie auf den dritten Platz bei insgesamt 6.600 Teilnehmern. Ein Erfolg, der den Grundstein ihrer Karriere legte.

Bühnenszene bei einer Benefiz-Gala

Wieder zu Hause in Gelsenkirchen, besuchte Maegie Koreen ein Konzert der slowakischen Sängerin Hana Hegerová im Musiktheater. Sie wollte ihrem Idol nahe sein und setzte sich in die erste Reihe.

»Ich spielte schon so gern Theater
bei uns daheim im Treppenhaus
ich dachte mir für meine Puppen
die allerschönsten Stücke aus«

Die starken Worte der selbstbewussten Frau sprachen sie an. Sie genoss jede Minute. Und doch beschlich sie ein seltsames Gefühl … Am folgenden Tag klingelte das Telefon. Am Apparat war die Agentur von Hana Hegerová. Die Künstlerin habe Maegies Auftritt im Fernsehen mit großem Interesse verfolgt und halte sie für ein großes Talent. Sie wolle ihr die Chance geben, bei ihrer nächsten Tournee mitzuwirken. Die geplante Konzertreise sollte sich zu einer zweijährigen Zusammenarbeit ausdehnen.

»Hana Hegerová arbeitete als Professorin für Chanson in Bratislava. So erhielt ich eine der besten Ausbildungen; pur, live auf der Bühne«, beschreibt Maegie Koreen rückblickend die spannenden

Jahre. »In dieser Zeit habe ich viel gelernt, habe hinter die Kulissen geblickt. Da lernt man das Showgeschäft von der Pike auf.« Gesangsunterricht oder Stimmbildung standen weniger auf dem Programm, vielmehr musste die Gelsenkirchenerin regelmäßig mit einem Korken im Mund sprechen. Diesem Trick verdankt sie ihre akzentuierte Aussprache. Die Meisterin lehrte sie, worauf es ankommt beim Chanson, bei dem die persönliche Interpretation der Texte den Stil bedingt.

Maegie Koreens weitere Karriere wurde von dem 1934 verstorbene Dichter Joachim Ringelnatz und dem Ruhrpott-Original Claire Waldorff geprägt. Die Lebenseinstellung der in Gelsenkirchen geborenen Volkssängerin imponiert Koreen. Sie widmet ihr und ihren Liedern, die oft die Beziehung zwischen Mann und Frau humorvoll beleuchten, das Programm »Aus dem Leben einer geliebten Radautüte«. Später verfasste sie die Waldorff-Biografie »Immer feste druff«, in der sie das Leben und Wirken der eigenwilligen Künstlerin schilderte. Jedes Chanson, das Maegie Koreen auf der Bühne vorträgt, erzählt eine Geschichte. Ihre Auftritte sind ein fein aufeinander abgestimmtes Ensemble von Sangeskunst, musikalisch begleitet und untermalt von Gestik und Mimik. Erklingen die ersten Töne von »Höchste Eisenbahn« oder »Die zersägte Dame«, hängt das Publikum gebannt an ihren Lippen.

»Sie kennen sicher die Attraktion
›Das Zersägen einer Dame in zwei Stück‹,
also, ich bin die Dame in Person,
ich bin von dem Kunststück der Trick.
Doch anstatt dass man mich hier hätschelt und pflegt,
sieht es leider gerade umgekehrt aus:
Schließlich ich leg mich hin,
schließlich ich werd zersägt,
doch der Säger bekommt den Applaus.

Wie ungerecht! Wie ungerecht!
Sie werden fragen, warum macht sie's denn, die Kuh?
Weil ich ihn liiiebe, weil ich ihn liiiebe –
und wenn man liebt, dann is man doof, nu rede du!«

BAHNHOFSTRASSE/ECKE KLOSTERSTRASSE
45879 GELSENKIRCHEN

Ich bin glücklich, wenn die Leute jubeln

Thorsten Kramer plant Veranstaltungen in der Veltins-Arena

In der Veltins-Arena sind die Lichter aus. Lediglich eine schmale Reihe hell strahlender Logen, die sich wie eine Schlange durch die Ränge des Stadions ziehen, beleuchten den Innenraum. Auf den Zuschauerplätzen funkeln vereinzelte Blitze von Fotoapparaten. Die Spannung unter den 40.000 Besuchern steigt. Plötzlich wird das Stadion lichtdurchflutet. Dort, wo am Wochenende die Spieler des FC Schalke 04 um wichtige Punkte in der Ersten Bundesliga kämpfen, ist eine zauberhafte Winterwelt zu sehen. Auf den vier Monitoren des vom Dach hängenden Videowürfels verfolgen die Gäste gebannt die Verwandlung des Fußballfeldes in die weiße Landschaft, die Thorsten Kramer mit seinem Team der Eventsparte für die »Biathlon World Team Challenge« (WTC) erschaffen hat. Der Film zeigt im Zeitraffer, wie der Rasen unter der frei schwebenden Südkurve ins Freie fährt und eine betonierte Fläche freigibt. Nach und nach entsteht darauf ein schneebedecktes Areal mit einer 1,1 Kilometer langen Loipe.

»Die 2.000 bis 2.500 Kubikmeter Schnee werden Monate vorher in der Skihalle Neuss produziert und dort in Lagerhallen gekühlt«, erzählt Kramer, bevor das Spektakel an diesem Tag beginnt. Wie viel Vorbereitung die alljährliche Veranstaltung im Detail erfordert, ahnt keiner im Publikum. Die Skispuren, die den Biathleten einen professionellen Untergrund für das Rennen garantieren, die kreisförmige Strecke für die Strafrunden, die Schießstände, der Platz für die Siegerehrung – alles wird im Vorfeld zunächst von Zeichnern am Computer akribisch entworfen. Für die Umsetzung arbeitet das Team mit Abteilungen vom FC Schalke 04 sowie lokalen Dienstleistern zusammen. Ab März jeden Jahres ist die Truppe mit der Ausarbeitung beschäftigt. Sobald der Fußball in die Winterpause geht – etwa zwei Wochen vor dem Event, das sich ideal in die Phase zwischen Weihnachten und Neujahr einfügt –, laufen alle Vorbereitungen auf Hochtouren. Kramer weiß um den engen Zeitplan. Innerhalb weniger Tage muss die Metamorphose des Stadions bewältigt werden. Trotz des Drucks ist

Biathlon-WTC in der Veltins-Arena

es dem Gelsenkirchener jedoch wichtig, dass alle Mitarbeiter entspannte Feiertage mit ihren Familien verbringen können, bevor die Maßnahmen zur schwierigsten und anstrengendsten Inszenierung des Jahres beginnen. Vor allem die Dekoration der Fläche mit ihren Holzbauten und Tannenbäumen erweist sich immer wieder als große Herausforderung. Und während drinnen internationale Journalisten hautnah vom Wettkampf berichten, lockt draußen vor der Halle ein kleines Dorf voller heimeliger Buden mit kulinarischen Köstlichkeiten, Mitmachaktionen und einem DJ-Zelt, in dem am späten Abend gefeiert wird.

Den Grundstein für die Veranstaltung legte 2002 der ehemalige Biathlet und ZDF-Experte Herbert Fritzenwenger. Er überlegte in jenem Jahr, ob rund um die Skihalle Bottrop ein Biathlonlauf möglich sei. Auf einer Anhöhe rückte die Veltins-Arena in sein Blickfeld, und sogleich war er sich sicher, den richtigen Ort gefunden zu haben. Über den damaligen Besitzer der Bottroper Skihalle, Marc Girardelli, entstand der Kontakt zum damaligen Manager des FC Schalke. Rudi Assauer, als Visionär dafür bekannt, außergewöhnliche Ideen zu realisieren, erwärmte sich sofort für den Vorschlag, konnte man doch mit solch einer Veranstaltung demonstrieren, was das just 2001 eröffnete Stadion zu leisten vermag.

An diesem Tag der Biathlon-WTC bleibt Thorsten Kramer kaum Zeit, den Event zu genießen. Während er sich mit Pressevertretern trifft, Fragen klärt und nach dem Rechten sieht, steht am Nachmittag der Höhepunkt bevor. Die Fans, die seit Stunden verschiedene Wettkämpfe verfolgen, bei denen sie Junioren genauso anfeuern wie gestandene Biathleten, merken, dass gleich etwas Besonderes passieren wird: das Rennen der Profis. Von einem künstlich aufgeschütteten Hügel fahren die Sportler hintereinander herunter. Laut kündigt der Sprecher jeden Einzelnen an, kleine Feuerwerkskörper untermalen die Vorstellung. Das Publikum bejubelt die Sportler, wobei vor allem die Deutschen mit einem ohrenbetäubenden Lärm empfangen werden. Der Wettkampf wird mit Spannung erwartet, nicht nur von den Besuchern, sondern auch von den Läufern selbst. Schließlich misst sich bei der hoch dotierten WTC die Elite der Biathleten. Die Zuschauer, die aus dem ganzen Land angereist sind, halten, was man von Anhängern auf Schalke erwartet. Zwischen La-Ola-Wellen singen sie bei Hüttengaudi-Liedern lauthals mit und feuern die Sportler mit Pauken und Trompeten an. Jeder Treffer am Schießstand wird frenetisch gefeiert.

Das Konzept von Thorsten Kramer und seinem Team geht jedes Jahr von Neuem auf. Mit der Veranstaltung wollen sie ihre Gäste glücklich machen und ihnen im besten Fall Gelsenkirchen etwas näherbringen. »Viele der Leute von außerhalb haben eine völlig falsche Vorstellung von unserer Stadt«, sagt der studierte Jurist. »Sie denken, an jeder Ecke raucht ein Schlot, man kann die Sonne nicht sehen, weil alles vom Rauch bewölkt ist. Hinterher sind sie meist positiv überrascht, wie schön es hier ist.«

Immer wenn König Fußball nicht in der Spielstätte regiert, tritt Kramer, der seit Anfang 2013 die Eventabteilung leitet, mit abwechslungsreichen Veranstaltungen im Heimstadion des FC Schalke in Aktion. Konzerte, Boxkämpfe, Messen, »Military Tattoo« – der

Für die »TV Total Stock Car Crash Challenge« kommt Sand in die Arena

Terminkalender ist voll. Besonders die selbst entwickelten Ideen heben das Veranstaltungsmanagement in der Veltins-Arena von anderen ab. Möglich macht dies die Konstruktion des Stadions, die auf eine multifunktionale Nutzung ausgerichtet ist. »Bei Konzerten bringen Künstler in der Regel ihre eigenen Bühnenaufbauten mit«, erklärt Kramer, der bereits seit 2001 beim Ruhrgebietsverein arbeitet. Bei Stars wie Robbie Williams können das schon mal eine multifunktionale Kugel mit Pyroeffekten und auf dem Podest verlegte Schienen sein. Stefan Raab nutzt mit seiner »TV Total Stock Car Crash Challenge« seit 2004 ebenfalls die Vorteile der Location, die stets mit einem vollen Haus und einer gigantischen Stimmung aufwartet. Immerhin ist es kein Problem, für die Rennveranstaltung einige Kubikmeter Sand in der Halle zu verteilen.

Zwei besondere Highlights, die in der Vergangenheit stattfanden, waren die Fußballweltmeisterschaft im eigenen Lande 2006 und die Eishockeyweltmeisterschaft 2010. Im Laufe der Fußball-WM wurden insgesamt fünf Partien auf Schalke ausgetragen. Die Vorbereitungen hierzu nahmen von der Umbenennung der Veltins-Arena in »FIFA WM-Stadion Gelsenkirchen« bis hin zum Sicherheitskonzept immense Dimensionen an. Ähnlich aufwendig war das Eröffnungsspiel der Eishockey-WM, Thorsten Kramers heimlicher Favorit. »Mal eben eine Eishockeypartie zu organisieren, im Mai wohlgemerkt, ist machbar, bedurfte aber einer gründlichen Planung.« Die Vorbereitungen nahmen drei Jahre zuvor mit ersten Gesprächen mit dem Deutschen Eishockeybund ihren Anfang. Auch für dieses Großereignis war ein eigens angefertigter Entwurf nötig, so mussten unter anderem mobile Tribünen entstehen, um die Nähe zum Geschehen auf dem Feld zu garantieren. Das spannungsgeladene Spiel am 7. Mai 2010 belohnte Kramer als erklärten Eishockey-Fan für seinen Einsatz. »Als der Underdog Deutschland gegen die Eishockeymacht USA mit 1:0 in Führung ging – allein das war ein Highlight. Nachdem die USA im letzten Drittel den Ausgleich erzielten, ging das Match in die Verlängerung. Ein paar Sekunden nach Wiederanpfiff fiel das Siegtor für Deutschland. Das Publikum tobte!« Kramer erinnert sich noch genau an die Dramatik der Begegnung. »Ein Tor, das der Schiri erst per Videobeweis überprüfen musste. Plötzlich erhielt die völlige Euphorie einen riesigen Dämpfer. Stille. Erst als der Schiedsrichter bestätigte, dass Deutschland gewonnen hatte, feierten die Fans. Solche magischen Momente kann nur der Sport erzeugen. Das macht einen als Veranstalter stolz.«

Nach seinem Wunsch für die Zukunft gefragt, gerät der Mittdreißiger ins Schwärmen. Als passionierter Golfspieler möchte er den noblen Ballsport in die Veltins-Arena bringen. Erste Ideen hat er schon, allerdings ist noch nichts konkret. Doch wer es schafft, eine Schneelandschaft im Ruhrgebiet zu erschaffen, für den sollte ein Golfparcours keine unüberbrückbare Hürde sein.

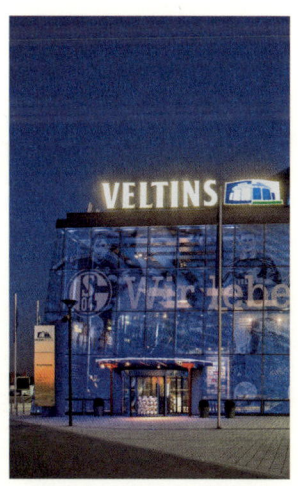

VELTINS-ARENA
ARENARING 1
45891 GELSENKIRCHEN
WWW.VELTINS-ARENA.DE

Tief in Beckhausen liegt einer der verwunschenen Orte Gelsenkirchens. Schon beim Durchschreiten der Haustür spürt man die Magie, die in diesem Gebäude herrscht. Die freischaffende Künstlerin Heike Klinger, meist in neutrales Schwarz gekleidet, lässt hier ihre Schöpfungen sprechen. Skulpturen, Gefäße und Malereien bitten darum, entdeckt zu werden. Seit fast 30 Jahren stellt Klinger in ihrem eigenen Atelier aus, offenbart dabei die Vielschichtigkeit ihres Inneren. Das Unterbewusste sichtbar zu machen ist ihre Mission.

Wer hinter den Schleier ihrer Fabelwesen schaut, entdeckt fundiertes handwerkliches Können. Heike Klinger studierte Graphik und Objekt-Design an der Fachhochschule Dortmund, bevor sie die Natur als Inspirationsquelle für ihre Arbeiten entdeckte. Stellvertretend für ihr eigenes Ich schuf die Künstlerin ein Bildnis mit Sternenstaub, in dem sie sich Flügel verleiht. Ein Symbol des Aufschwungs und der Freiheit, die sie in Workshops und Kursen auch Kunstinteressierten vermittelt.

Im Schlosszimmer im Obergeschoss des Gebäudes befindet sich ihr persönlichster Rückzugsort. Die einfache Tür verwandelte sie in liebevoller Handarbeit in ein mächtiges Portal aus weißen Ytong-Steinen – der Übergang zu einer fantastischen Welt. Chimären und Ornamente durchziehen die Türzargen, machen neugierig auf den Raum dahinter. Jedes Detail der Einrichtung ist durchdacht: antike Möbel, ein Wandbelag aus Granit, ein fluffiger Teppich. In einer Ecke steht ein umfunktionierter Beichtstuhl. Die Dimensionen ihrer Schaffenskraft sprengen nahezu den Rahmen. Ein Kosmos fantastischer Geschichten.

ATELIER HEIKE KLINGER
LANFERBRUCHSTRASSE 7
45899 GELSENKIRCHEN
WWW.HEIKE-KLINGER.DE

Das sind gute Frauen und Männer

Georg Altenkamp lehrt in der Gesamtschule Berger Feld

Vor seinem ersten Tag als Rektor der Gesamtschule Berger Feld ließ Georg Altenkamp die Umgebung seines neuen Arbeitsplatzes auf sich wirken. Im Hintergrund des grauen Betongebäudes aus den 60er-Jahren stachen vier Flutlichtmasten des angrenzenden Parkstadions in den Himmel, die seine Aufmerksamkeit erweckten. Wie er in der Folge erfuhr, spielte die Nähe zum Fußballstadion bis dahin keine Rolle im Schulbetrieb. Mit seinem Amtsantritt sollte sich das ändern. Sein Beschluss, Kontakt zum FC Schalke 04 aufzunehmen, führte in den folgenden Jahren zu einer deutschlandweit einzigartigen Verbindung. Die Bildungsanstalt wurde NRW-Sportschule und erste DFB-Eliteschule des Fußballs. Ein Vorbild, das der Deutsche Fußballbund allen Bundesligisten für die Zukunft ans Herz legte. Bis heute kommen Wissenschaftler und Lehrer aus aller Welt in die Adenauerallee, um sich die effektive Förderung vor Ort anzusehen.

Wenn die Mädchen und Jungen in den Fluren die Fotos der berühmten Sportler betrachten, die ebenfalls hier die Schulbank gedrückt haben, sind sie stolz, den ein oder anderen persönlich zu kennen. Die Bilder erfolgreicher Stars wie die der Fußballweltmeister Manuel Neuer, Mesut Özil oder Julian Draxler dokumentieren den Erfolg des Konzepts, das von Altenkamp entwickelt wurde. Konsequentes Zusammenarbeiten von Lehranstalt und im Umfeld beheimateten Vereinen ist einer der Grundbausteine des Systems. Da erfolgreiche Übungsleiter aus den Bereichen Fußball, Golf, Schwimmen, Rudern und Basketball den Unterricht der Sportklassen führen, werden Begabungen bereits früh erkannt. Wird ein Talent entdeckt, bedeutet dies eine große Veränderung für den Schüler. Um den nächsten Karriereschritt gehen zu können, muss viel Zeit investiert werden. Das tägliche Leben folgt fortan einem anderen Rhythmus, Prioritäten verschieben sich. Neben dem Ganztagesunterricht steht zweimaliges Vereinstraining pro Tag auf dem Stundenplan. Eine frühe Übungseinheit ersetzt langes Ausschlafen. Fällt

»Hall of Fame«: Bilder ehemaliger Schüler

durch das Nachmittagstraining ein Unterrichtsfach aus, muss der Jugendliche den versäumten Stoff nachholen. Treffen mit Freunden sind nur noch begrenzt möglich. Eine enorme Belastung, ähnlich der ihrer Eltern im Beruf. Doch die Schüler, die sich für den harten Weg zum Profisport entscheiden, nehmen diese Einschränkungen gerne in Kauf. Sie wissen, was auf sie zukommt, sind fokussiert auf den Erfolg. Ihr Ziel ist es, eines Tages mit ihrer Leidenschaft Geld verdienen zu können, ein Leben lang beruflich das zu tun, was sie am liebsten machen.

Neben der sportlichen Laufbahn ist Altenkamp der Erziehungsauftrag wichtig. »Wir legen sehr viel Wert auf die Persönlichkeitsentwicklung der jungen Leistungsträger. Sie sollen mit beiden Füßen auf dem Boden bleiben«, erklärt der Mittsechziger. Um Überheblichkeit zu vermeiden, hat er einige Regeln aufgestellt, die das Schulleben erleichtern. So ist es beispielsweise im Gebäude nicht erlaubt, Vereinstrikots anzuziehen, jeder soll den gleichen Stellenwert haben. Dabei verdienen viele Schüler bereits in der Oberstufe eine Menge Geld. Sie fahren schicke Autos, tragen teure Kleidung und besitzen eine eigene Wohnung. Und auch auf der persönlichen

Ebene existieren Unterschiede. Mit dem Starkult, den sie in jungen Jahren erfahren, müssen sie erst einmal klarkommen. »Die Auswahl, die durch die sportliche Leistung erfolgt, darf nicht heißen, dass man sich im negativen Sinne des Begriffs als Mensch aus der Gesellschaft abhebt«, ist die Devise des Rektors. An diesem Punkt greift seine Vorstellung von Persönlichkeitsbildung: Beratungslehrer und Psychologen bieten Gesprächskreise, in denen sich die Teilnehmer mit den Anforderungen befassen, die ihre Passion mit sich bringt – finanziell, wie menschlich. Unterstützung, die den Bedürfnissen eines jungen Athleten gerecht wird und einem Fehlverhalten gegensteuert. Dass dieses Konzept aufgeht, erkennt man an den ehemaligen Gesamtschülern und international erfahrenen Profis. »Wir bringen die meisten Leistungssportler im Land hervor, und ich kann sagen, das sind gute Frauen und Männer in dieser Gesellschaft«, bekräftigt Altenkamp. »Sie kennen ihre Rolle, sind sich der Gefahren ihres Berufs bewusst und engagieren sich über die Arbeit hinaus in vielen sozialen Bezügen.« Ein Einsatz, den ihn und seine Lehrerschaft stolz macht. Jeder der Absolventen hat eine besondere Verbindung zu seiner einstigen Schule. So oft die begrenzte Zeit es zulässt, schauen sie im Berger Feld vorbei, besuchen ihre Dozenten und stellen sich den Fragen der Schüler, von denen viele auf eine ähnliche Karriere hoffen. Sie dienen als positiv besetzte Vorbilder und zeigen durch finanzielle Unterstützung ihre Dankbarkeit der Lehranstalt gegenüber, sei es durch die Abdeckung täglich gesunden Frühstücks, Förderunterricht oder projektorientierten Hilfen.

Ein weiterer Pfeiler des Konzepts ist die schulische Ausbildung, bei der die Jugendlichen Grenzen überschreiten und neue, prägende Erfahrungen machen. Besonders Austauschprogramme, von denen im Berger Feld jährlich acht stattfinden, tragen zur Weltoffenheit der Jugendlichen bei und helfen, Vorurteile gegenüber anderen Kulturen abzubauen. Die Fahrt ins belgische Ypern nimmt dabei einen herausragenden Status ein. Jedes Jahr, wenn die Oberstufenschüler mit Bussen in die knapp 400 Kilometer ent-

Erinnerungen an frühere Zeiten

fernte Stadt zwischen Brüssel und Calais fahren, steht ihnen eine besondere Erfahrung bevor: Ein Friedensprojekt dient der Aussöhnung angesichts des Grauens, das der Erste und Zweite Weltkrieg in die Kleinstadt gebracht haben. Dort, wo auf den Feldern von Flandern 1915 zum ersten Mal von den Deutschen Giftgas eingesetzt wurde, und in Stellungskämpfen Hunderttausende von Soldaten fielen, geben die jungen Menschen aus Gelsenkirchen Vermissten einen Namen. Sie forschen im Portal für Stadt- und Zeitgeschichte, beschäftigen sich mit den Biografien verstorbener Soldaten, die zum Teil jünger waren als sie selbst. Soldaten, die mit der Hoffnung zu überleben in den Krieg zogen, mit der Hoffnung, als Held zurückzukehren. Durch das Befassen mit Einzelschicksalen werden die Geschichten greifbar, werden mehr als ein Name, den man liest und wieder vergisst. Ab und an gelingt es den Klassen sogar, den Vermisstenstatus einer Person aufzuheben, und Familien nach fast einem Jahrhundert über den Verbleib ihrer Vorfahren zu informieren.

Der Besuch der Oberstufenschüler, der in den ersten Jahren noch mit Argwohn beäugt wurde, ist längst zu einem positiv besetzten Ritual geworden. Für beide Seiten. Auch ältere Herrschaften aus Belgien, die noch die Schrecken des Zweiten Weltkrieges persönlich miterlebt haben, lassen sich auf die Gelsenkirchener ein. Gemeinsam mit den Gästen aus dem Ruhrgebiet begehen sie am »Menin Gate Memorial« mit einem Gottesdienst und Trompeten- und Dudelsackmusik den jährlichen Gedenktag »The Last Post«. Die Jugendlichen tragen Gedichte vor, legen Kränze nieder und stellen Kerzen an die weißen Gräber, die wie eine gleichförmige Armee das Grün des Friedhofs bedecken. Vor den Friedhofsmauern, die Namen von Tausenden beherbergen, legen sie eine Schweigeminute ein. Der Schulleiter, der in seiner Schulzeit am Essener Gymnasium an einem ähnlichen Programm teilnahm, weiß, wie schwer es ist, solch ein Erlebnis auszuhalten. Doch er ist sich sicher, dass es das weitere Leben der jungen Leute prägen wird. Daher lässt er es sich auch nicht nehmen, Lehrkraft Detlev Kmuche und seinen Kurs zumindest einen oder zwei Tage auf der Reise zu begleiten. 2014, zum 100-jährigen Gedenken an den Beginn des Ersten Weltkriegs, befand er sich dabei in hoher Gesellschaft. Schulministerin Sylvia Löhrmann nahm an den Feierlichkeiten gegen das Vergessen teil.

Obwohl Georg Altenkamp mit 65 in Rente hätte gehen können, entschied er sich, weitere zweieinhalb Jahre an der Schule zu bleiben. Zweieinhalb Jahre mehr Zeit, um weitere Projekte auf den Weg zu bringen. Und danach? »Nach der Pensionierung möchte ich mal etwas anderes machen, das mit Menschen zu tun hat«, sagt der Pädagoge lachend. »Und natürlich komme ich wieder, allerdings nur zu Besuch.«

GESAMTSCHULE BERGER FELD
ADENAUERALLEE 110
45891 GELSENKIRCHEN
WWW.GESAMTSCHULE-BERGER-FELD.DE

Die Schönheit der Waldmenschen
Eckstein tätowiert und zeichnet in der Wanner Straße

Manchmal genügt der Hauch eines Augenblicks, um etwas zu bewirken. Bei Tätowierer Olaf Schubert, den alle seit seiner Schulzeit auf dem Gauß-Gymnasium »Eckstein« nennen, gab ein Besuch bei seiner Mutter 2009 den Anstoß zu einem großartigen Projekt. Er sah im Fernsehen eine Dokumentation von dem deutschen Schauspieler Hannes Jaenicke, der sich als Umweltaktivist für das Überleben der Orang-Utans in Borneo einsetzt. Das in dem Film dargestellte Schicksal der gefolterten und missbrauchten Affen berührte den Tierliebhaber. Er fühlte, dass er den Kampf gegen die Ungerechtigkeit unterstützen wollte. Die Gesichter der Orang-Utan-Babys im Kopf, entschied er sich dafür, die Tiere in Airbrush-Technik auf einer Leinwand zu verewigen und die Bilder für den guten Zweck zu verkaufen.

Zunächst allerdings blieb es nur bei der Idee. Zwischen der Arbeit im eigenen Tattoo-Studio »Tiny Giants Productions«, den gemeinsamen Stunden mit der Familie und knapp bemessener Freizeit blieb keine Zeit für die Umsetzung. »Letztendlich ärgerte ich mich. Von Beginn an aufzugeben, wäre einfach zu schade gewesen. Ich habe mich den Orang-Utans gegenüber in der Pflicht gefühlt«, sagt Eckstein.

Fortan erzählte er bei jeder Gelegenheit von seinem Vorhaben und erhöhte damit den Druck. Um nicht als »Laberkopf« verschrien zu werden, fing er mit den Vorbereitungen an. Keinen Geringeren als den bedeuteten Fotograf Jay Ullal suchte sich der Tattoo-Künstler als Vorlagengeber aus. Dessen Buch »Die Denker des Dschungels. Ein Orangutan-Report« gilt als beste Dokumentation über die intelligenten Tiere. Ullal, lange Jahre Fotoberichterstatter aus Krisengebieten für den »Stern« und Träger der Bundesverdienstkreuzes, war so begeistert von Ecksteins Plänen, dass er ihm sofort die Rechte einräumte, seine Bilder als Grundlage zu nutzen. Eine ausgesprochene Ehre, die zuvor namhaften Künstlern wie Andy Warhol zuteilwurde.

Tagsüber widmete sich Eckstein nun seinen Kunden, beriet sie bei der Motivwahl, arbeitete Designs aus und brachte die Tattoos auf die Körper auf. Abends wechselte er das Werkzeug. Mit der Air-

Jedes einzelne Haar des Fells ist erkennbar

brush-Pistole erarbeitete er auf den Leinwänden zunächst die groben Formen, bevor sich die großformatigen Bilder durch detailreiche Farbverläufe immer mehr den Vorlagen annähern sollten – bis zur Perfektion. Nicht nur jedes einzelne Haar und Lichtspiegelungen waren auf den zwölf Werken am Ende zu bestaunen, der Mittvierziger hatte den Orang-Utans darüber hinaus durch einen Ausdruck von Verspieltheit und Neugier Leben eingehaucht.

Bei der Bekanntmachung und Organisation des Projekts halfen Ecksteins Freunde Thilo Pasch und Nina Weiß. Auf der Eröffnungsveranstaltung im »Alma Sports«-Reha- und Fitnesszentrum war das Medienecho groß. Unter das Publikum hatte sich auch ein Gast gemischt, der dem Künstler seinen besonderen Dank aussprechen wollte. Jay Ullal war eigens aus Hamburg angereist. Er war verblüfft, dass es Eckstein geschafft hatte, den Ausdruck der imposanten Orang-Utans im Vergleich zu seinen Bildern noch zu verstärken.

Den Verkaufserlös von fast 10.000 Euro stiftete Eckstein dem gemeinnützigen Verein »*Borneo Orangutan Survival Deutschland*« (*BOS*), der eingehende Spenden dazu nutzt, über 700 Menschenaffen in Stationen zu versorgen, um sie später auszuwildern. Unter Ecksteins Käufern befand sich auch ein Gelsenkirchener Paar, das über BOS eine Patenschaft für eines der Tiere übernommen hatte. Der Wunsch, einmal nach Borneo zu reisen, um den Orang-Utans einen Besuch abzustatten, war an der Flugangst der Frau gescheitert. Als der Ehemann von der Spendenaktion Ecksteins hörte, kam das Paar zu der Auktion, verliebte sich in die Bilder und griff gleich zu.

Inzwischen ist nur noch ein Werk übrig und Eckstein kann wieder voll und ganz seinem Beruf als Tätowierer nachgehen. Die Kreativität kommt jedoch auch bei der Arbeit mit der Nadel nicht zu kurz. Um einen Termin bei ihm zu ergattern, benötigt man etwas Geduld, stehen die Leute doch beim dienstältesten Tätowierer Gelsenkirchens Schlange. Doch die Kunst Ecksteins, der sich selbst bescheiden als »Handwerker« bezeichnet, ist das Warten wert. Seit Beginn von Ecksteins Selbstständigkeit 1993 hat sich das Berufsbild jedoch gewandelt. Wenn er früher jemandem einen Schriftzug auf den Hals oder Finger tätowierte, saß vor ihm einer der ganz harten Kerle. Mittlerweile ist der Körperschmuck zum Trend geworden. Ein bisschen Wehmut schwingt mit, wenn Eckstein sich an die alten Zeiten in seiner Punker-WG und das erste selbst gekaufte Tattoo-Besteck erinnert … Ein Kunde betritt das Studio und reißt Eckstein aus seinen Gedanken. Als Motiv hat sich der Kunde keinen Klassiker ausgesucht, sondern eine Biomechanik-Abbildung. Diese Verbindung zwischen mechanischen und organischen Elementen, aus denen Eckstein ein Gesamtkunstwerk kreiert, sind das Steckenpferd des Gelsenkirchener Künstlers.

TINY GIANTS PRODUCTIONS
WANNER STRASSE 127
45888 GELSENKIRCHEN
WWW.TINY-GIANTS-PROD.COM

Landmarkenkunst erhellt die Nacht
Wolfram Schneider koordinierte die Rungenberg-Gestaltung

Autofahrer, die nach Anbruch der Dunkelheit über die A2 nach Gelsenkirchen kommen, erblicken in der Ferne am Nachthimmel zwei sich kreuzende Lichtstrahlen. Uns Gelsenkirchenern ist die Installation bestens bekannt: Das »Nachtzeichen« auf der Halde Rungenberg, das 1999 unter dem Stadtplaner Wolfram Schneider aufgestellt wurde, erweckt ein Gefühl von Heimat.

Birgit Salutzki: Herr Schneider, Sie arbeiteten als Stadtplaner, als das Abraummaterial der Ruhrgebietshalden durch Begrünung zu begehbaren Landmarken umgeschichtet wurde. Was gab den Ausschlag für die Bepflanzung?
Wolfram Schneider: In den 70er-Jahren veränderten sich die Bedingungen im Steinkohleabbau an der Ruhr: Größere Maschinen produzierten mehr Abraum, es gab immer weniger Versatz unter Tage, so wurden große Haldenflächen gebraucht. Landschaftsplaner veränderten die bis dahin üblichen »Tafelberge« mit steilen Böschungen zu sanft geschwungenen begrünten »Haldenlandschaften«. Das flache Ruhrgebiet erhielt scheinbar Endmoränen der Eiszeit. Nach und nach wurde auch das Betreten der neuen Parklandschaften erlaubt. Eine davon ist die Halde Rungenberg für das Bergwerk Hugo in Gelsenkirchen-Buer, mit dem Vorteil der Transportstraße für Lkws auf dem Betriebsgelände.
Im Rahmen des Projekts »Siedlung Schüngelberg«, bei der die denkmalgeschützte Bergarbeitersiedlung durch 200 moderne Wohnungen ergänzt wurde, stand ebenfalls die Halde Rungenberg auf dem Plan. Was ist das Besondere an der Gestaltung der Halde?
Im Rahmen der »Internationalen Bauausstellung Emscher Park« (IBA) wurden zusätzliche Häuser für Bergarbeiterfamilien aus dem Aachener Revier geplant. In den Jurysitzungen wurde auch intensiv über die Gestaltung der angrenzenden Halde gesprochen. Der Architekt Rolf Keller aus Zürich wollte betonen, dass es sich hier nicht um eine natürliche, sondern um eine von Menschen gemachte Landschaft handelt. Er entwarf eine markante geometrische Gestalt mit zwei Pyramiden,

Die gekreuzten Strahler bilden eine weit sichtbare Landmarke

die in der Mitte einen Hohlweg bilden. Er sagte, dass im Gebirge ein Pass als kürzester Weg die Wanderer anzieht, nur Touristen klettern auf Gipfel. Diese Gipfel sollten schwarz wie Kohle erscheinen. Das dunkle Bergematerial sollte stark verdichtet der Witterung trotzen.

Im Sommer 1992 forderten die IBA, die Montan-Grundstücks GmbH, die Stadt und der Kunstverein Gelsenkirchen zwölf Künstler aus dem Ruhrgebiet auf, Vorschläge zur künstlerischen Gestaltung einzureichen. Nach einer langen Jurydiskussion schlug der Vertreter des Bergbaus, der damalige Markscheider von Hugo, Klaus Kleineberg, einen zusätzlichen Wettbewerb zur künstlerischen Gestaltung vor. Am überzeugendsten waren die Vorschläge von Hermann EsRichter aus Oberhausen und Klaus Noculak, der aus Recklinghausen stammt und jetzt in Berlin lebt. Sie entwarfen für den Sattel der Halde das kontemplative »Schienenplateau«: Eine 41 mal 33 Meter große waagrechte Fläche, dicht mit 5.500 Meter Gleisen belegt, steht für eines der Hauptprodukte der Region und symbolisiert dessen wichtigstes Transportsystem. Das spektakuläre zweite Objekt ist das »Nachtzeichen«, zwei vier Meter hohe Spiegelscheinwerfer auf den Pyramiden. Bei Dunkelheit ergänzen die Lichtstrahlen die Pyramidenform der Halde, kreuzen sich über dem Hohlweg und setzen sich in den Nachthimmel fort – die Strahlen leuchten besonders bei Nebel oder leichtem Regen in der reflektierenden Luft.

Sie begleiteten die Lichtinstallation von der Planungsphase bis zur Einweihung.

Beim Wettbewerb 1992 war die Halde noch lange nicht fertiggestellt, man »plante in der Luft«. Die Schüttung war erst 1997 vollendet und die Erschließung durch die Brücke und den Treppenaufgang mit 300 Stufen war schon schwierig genug. Entwurf und Technik des »Nachtzeichens« wurden zur gemeinsamen Aufgabe. Es galt, eine markante Gestaltung in Beziehung zu den beiden Pyramiden zu finden. Wie bekam man Fundamente und Stahltürme auf die Halde, wie konnte man die Stromversorgung vor Vandalismus sichern? Aber auch eine Blendung der Fahrer auf der Autobahn wurde befürchtet. Bis 1999 war die »Kunst auf der Halde« eine Diskussion der Fachleute und Ortspolitiker und -politikerinnen. Erst mit einer großen abendlichen Veranstaltung zu Pfingsten wurde das »Nachtzeichen« fertig und in einer beeindruckenden Performance mit Drachentänzern und Feuerwerk der Öffentlichkeit übergeben. Überraschend war die überwältigende Anteilnahme der Bevölkerung. Es ist ein erstklassiger Aussichtspunkt entstanden, der in der warmen Jahreszeit fast immer belebt ist, selbst mit Kinderwagen und Mountainbikes. Die Landmarkenkunst funktioniert.

Von welcher Stelle aus genießen Sie die Effekte der Landmarke am liebsten?
In der Silvesternacht ist das *der* Ort im Mittleren Ruhrgebiet, um zu feiern, Raketen steigen zu lassen, zu beobachten und sich mit tausend anderen zu treffen.

HALDE RUNGENBERG
HOLTHAUSER STRASSE
45897 GELSENKIRCHEN
WWW.HALDEN.RUHR

147

Um zwischen den bedeutenden Kulturstätten des Ruhrgebiets aufzufallen, ließ sich der Leiter des Museums von Schloss Horst etwas Besonderes einfallen. Elmar Alshut konzentrierte sich auf den Schatz, den das Gebäude birgt: eine Geschichte, die bereits im 12. Jahrhundert begann. Der Kunsthistoriker beschäftigt sich seit Mitte der 80er-Jahre mit dem wichtigsten Renaissancebauwerk im Ruhrgebiet, das an der Stelle einer 1554 durch Brand beschädigten mittelalterlichen Burg steht. Bei der Errichtung des Museums stellte er die am Schlossbau beteiligten Menschen und deren Schaffen in den Vordergrund. Von der Ideenfindung 2007 bis zur Eröffnung des »Erlebnis-, Erkenntnis- und Lernortes«, wie er selbst die Ausstellung bezeichnet, dauerte es drei Jahre.

Zunächst können Besucher das Labor verschiedener Wissenschaftler bestaunen. Auf dem weiteren Weg rekonstruierten die Museumsmacher die einstige Baustelle. Entlang der schmalen Gänge lehnen Werkzeuge an den Wänden, die zur Interaktion einladen. Nachdem man aufgeschichtete Steine und Tierspuren im Bodenbelag passiert hat, erklingt hinter einer Bretterwand ein Hämmern. Wer einen Blick durch das Loch im Verschlag wagt, erfährt mehr über die Arbeit am Schloss. Hammer und Amboss liegen zum Ausprobieren bereit, und die Funktion eines Blasebalgs kann erprobt werden. Unterstützend helfen Modelle, die das damalige Leben und Werken veranschaulichen, sowie Schautafeln und ein Audioguide, sich in frühere Zeiten hineinzuversetzen.

Auch das Fernsehen wagte im Schloss bereits eine Reise in die Vergangenheit. In der »Sendung mit der Maus« wurde die Ausstellung über die Schlossbaustelle vorgestellt.

MUSEUM SCHLOSS HORST
TURFSTRASSE 21
45899 GELSENKIRCHEN
WWW.SCHLOSS-HORST.DE

Wer zur Zeit des Bergbaus in der zum Bezirk Gelsenkirchen-Mitte zugehörigen Feldmark lebte, wusste, warum Gelsenkirchen »Stadt der 1.000 Feuer« genannt wurde. Schacht Oberschuir, eine der schönsten Zechenanlagen im Ruhrgebiet, dominiert diesen Stadtteil. Allerdings wurde keine Kohle gefördert, der Schacht diente allein der Seilfahrt und Bewetterung. Hier in der Feldmark liegen auch die musikalischen Wurzeln und der Lebensmittelpunkt des Sängers Uli Veßhoff.

»Gesungen habe ich schon ein Leben lang«, erzählt der Vater zweier Kinder. Erste Erfahrung als Solosänger ermöglichte ihm der Organist der Pfarrei St. Antonius in dessen kircheneigener Band. Veßhoff legte seinen musikalischen Schwerpunkt auf die Lieder seiner Lieblingsband »The Les Humphries Singers«. Später schloss er sich dem Bochumer Chor »Singing Sound« an. Zuhörer bejubelten die fetzigen Kompositionen mit tosendem Applaus, von der Fachpresse regnete es Lob. »In diesen Jahren habe ich gesangstechnisch viel gelernt« erzählt Veßhoff. »Eine klassische Ausbildung hatte ich nicht. Ich bin immer mit dem, was mir der liebe Gott in die Wiege gelegt hat, ausgekommen.«

Seine erste Band hieß »Simply Seven«, bei der er heute noch mit seiner glasklaren Tenorstimme mit der einzigen Frau der Truppe, Petra Lüntz, für den Frontgesang sorgt. Ihre gecoverten Songs erreichen die Menschen, brennen sich in Herzen ein und bringen Beine zum Tanzen. Auf kleinen und großen Bühnen in vielen Städten Deutschlands sowie in London, Amsterdam oder Antwerpen verbreiten sie gute Stimmung. Kurz nach der Jahrtausendwende erreichte den hauptberuflichen Polizeihauptkommissar eine Anfrage des ehemaligen Schlagzeugers der »German Blue Flames«, Hans von der Forst. Dessen Vision, einen ausgewählten Kreis von Musikern und Sängern – eine Mischung aus Profis und Laien – zu einer gigantischen Rockband zusammenzustellen, entsprach Veßhoffs Vorstellung von anspruchsvoller Musik. Als eines der Gründungsmitglieder startete er mit »Rock Orchester Ruhrgebeat«, kurz RoR, in ein neues Abenteuer. Schon bald lösten der Schwung und das breit gefächerte Reper-

RoR live auf der Bühne zu erleben ist ein Ereignis

toire der Gruppe eine Welle der Sympathie im Ruhrgebiet aus. Jeder Ton handgemacht, erfahren Songs von Stars wie Joe Cocker, Jon Bon Jovi, Madonna oder Anastasia durch ein neues Arrangement einen elektrisierenden Sound. RoR covert nicht, sondern haucht den Liedern ein Stück eigene Seele ein.

Der perfekte Spagat zwischen Rock 'n' Roll und Schlager fand auch in München Gehör. Musikproduzent und Komponist Ralph Siegel, dessen Erfolge beim »Eurovision Song Contest« legendär sind, lud RoR 2005 als Hauptact zur Gala anlässlich seines 60. Geburtstags ein. Ihr Auftritt faszinierte die zahlreichen Gäste aus der Welt des Showbusiness. Als die Band mit der Song-Contest-Gewinnerin Nicole »Ein bisschen Frieden« sang, bekam nicht nur Siegel, aus dessen Feder das Lied stammt, eine Gänsehaut. Von der Forst, Manager der Band, knüpfte an diesem Tag zahlreiche Kontakte. So auch zum irischen Entertainer Johnny Logan, der nach der Feier als Gastsänger von RoR auftrat. Seine gefühlvollen Lieder sind Uli Veßhoff mit seiner ausdrucksstarken Stimme, die weniger bei Rocksongs, sondern melodiösen Stücken zum Tragen kommt, wie auf den Leib geschneidert.

Fünf Jahre später, kaum war das Jahr der Kulturhauptstadt 2010 beendet, veröffentlichte RoR, tief im Ruhrgebiet verwurzelt, eine Hymne auf die Region, ihre Tradition, ihren Wandel und die Bewohner.

Hier brennt ein Feuer
Ich bin hier gebor'n,
und denke oft bei mir: die alte Zeit war gut.
Die Schlote qualmten,
in den Öfen war noch Glut.
Menschen kamen immer mehr,
brachten ihre Hoffnung her.
Kraft und Energie
und Herz und Fantasie.

Hier brennt ein Feuer, hier brennt ein helles Feuer.
Es brennt in mir und überall im Ruhrrevier
Hier brennt ein Feuer, hier brennt ein helles Feuer.
Du musst es sehn, wir lassen es niemals untergeh'n.
Heut' ist alles neu
Öfen und Zechen kannst du heut' als Denkmal seh'n
Der Ruhrpott ist grün,
auf uns'ren Halden kannst du heut' spazieren geh'n.
Viele Menschen schaffen hier
ein völlig neues Ruhrrevier,
glauben an die Kraft,
die Feuer sind entfacht.

Bei ihren Auftritten erzeugt der fantastische Sound des Orchesters, unterstützt durch eine Bildershow, ein Feuerwerk an Gefühlen beim Publikum. Die mit über 30 Akteuren »größte Rockband der Welt« repräsentiert in ihrer Besetzung den Geist des Liedes: Im RoR wirken unterschiedliche Nationen, Generationen und musikalische Lebensläufe. »Ich bin stolz dazuzugehören«, meint Uli Veßhoff.

SCHACHT OBERSCHUIR
BONIVERSTRASSE 30
45883 GELSENKIRCHEN

Ob dat ma klappt, ne?
Elmar Rasch inszeniert in der »Bühne im Revier«

Im bayerischen Oberammergau gehören die Passionsspiele seit dem
17. Jahrhundert zur Osterzeit. Das Drama um die letzten Tage Jesu
jedoch im Ruhrgebiet anzusiedeln, erfordert »Eier in der Hose«, wie
wir Gelsenkirchener es ausdrücken würden. Elmar Rasch, Schauspieler
und Regisseur der »Bühne im Revier« , wagte 2013 dieses Experiment.

Dem Publikum ist der Mime vor allem als kultige Kunstfigur
Erich Koschorrek bekannt. Der Hartz-IV-Empfänger stand Raschs
Vorhaben zunächst skeptisch gegenüber: »Hömma, ich muss erst ma
guck'n, ob dat ma klappt, ne?« Und ob das klappte. Für die Passionsspiele im Revier trommelte Rasch 25 Laiendarsteller zusammen, teilweise ohne jegliche Bühnenerfahrung. Die Wahl des Spielortes fiel
aufgrund der idealen Bedingungen auf die Evangelische Kirche in Gelsenkirchen-Rotthausen. Eingebettet in liturgische Gesänge, erlebten
rund 300 Zuschauer während der Premiere am Aschermittwoch eine
beeindruckende Vorführung. Das in historische Gewänder gehüllte
Ensemble breitete den Gästen Gänsehaut.

Die künstlerische Leitung für Passionsspiele hatte Rasch bereits
2000 auf der Freilichtbühne Hallenberg übernommen. Die Gelsenkirchener Inszenierung forderte ihn jedoch heraus. Denn im Unterschied zu Bewohnern ländlicher Gebiete ist die Leidensgeschichte
Christi Menschen im Ruhrgebiet weniger
bekannt. Doch alle Zweifler verstumm-
ten angesichts der gelungenen Darbietung. Auch Erich meldet sich nicht mehr
zu Wort, da sich Rasch aus gesundheit-
lichen Gründen auf die Regiearbeit kon-
zentriert. 2015 fanden die Passionsspiele
am gleichen Schauplatz erneut statt.

PASSIONSSPIELE IN DER EVANGELISCHEN
KIRCHE GELSENKIRCHEN-ROTTHAUSEN
BÜHNE IM REVIER
SCHEMANNSTRASSE 49B
45884 GELSENKIRCHEN
WWW.BUEHNEIMREVIER.DE

Schantall, hier krisse drei für zwei!

Kai Twilfer bringt Gäste im Kulturzentrum »KAUE« zum Lachen

Im Sommerurlaub am Strand lauschte Bestsellerautor Kai Twilfer einem Gespräch, das hinter ihm geführt wurde. Zwei Frauen unterhielten sich über ein Buch. Als der Titel »Schantall, tu ma die Omma winken!« fiel, lächelte der Urlauber. Nun hatte die Heldin seines Erstlingswerks den Rahmen des Ruhrgebiets, ja sogar der Bundesrepublik Deutschland gesprengt. Sie war auf Mallorca angekommen, was eigentlich ganz gut passte, denn »Malle« ist neben Lloret de Mar der bevorzugte Urlaubsort der Kultblondine Schantall Pröllmann.

Dabei war der Erfolg des Buches, das 2013 erschien, alles andere als vorprogrammiert. Seit Längerem hatte Twilfer fasziniert einen stetig wachsenden »Kevinismus« oder »Chantalismus« registriert. Unter diesen selbst kreierten Worten versteht er »die krankhafte Unfähigkeit vieler Eltern, ihrem Nachwuchs einen sozialverträglichen Vornamen mit auf den Lebensweg zu geben«. Hinter dieser tief in liebevoller Ironie getränkten Beschreibung vermutet der studierte Wirtschaftswissenschaftler ein gesellschaftliches Phänomen. »Familien, die einen Lebensstil pflegen, wie er in vielen RTL-Dokus dargestellt wird, bedienen mit ihrem Verhalten gängige Klischees«, erklärt Twilfer und ergänzt: »Schantalls gibt nicht nur im Ruhrgebiet. Die Bevölkerung jeder Region hat etwas ungewollt Humorvolles.«

Wie sich der Leser der lustigen Satire den Kosmos der Familie Pröllmann vorstellen darf? Nun, diesen recht ungewöhnlichen Menschenschlag lernt er durch die Augen des Sozialarbeiters Jochen kennen. Der eher biedere städtische Angestellte wird von seiner beschaulichen Kulturbehörde einer Kleinstadt in den Sozialdienst versetzt und soll ausgerechnet Familie Pröllmann in ihrem Leben unterstützen. Er bekommt mit, dass sich Schantall und ihre »*Busen*freundin« Cheyenne im Sale auf Top-Angebote stürzen, denn »hier krisse ja drei für zwei«. Er besucht die Mietwohnung der Pröllmanns in einer Großwohnanlage in Bochtrop-Rauxel, samt 98-Zoll-Fernseher, Spielkonsole und Papptellern. Dort lernt er, dass neben Gesichtsbemalung die Faktoren Sonnenbank, Nageldesign, Friseur und selbstverständ-

Mit dieser Karte fing alles an

lich Fitnessstudio zur weiblichen Grundausstattung in Schönheitsfragen gehören. Jochen wird bei seinem Einblick in das Familienchaos mit einer Sprache konfrontiert, die sich aus einer Kreuzung zwischen Ruhrpottdeutsch und Prollslang ergibt. Und der Sozialarbeiter lernt natürlich Schantall kennen, den Mittelpunkt der Familie. Die lebhafte Blondine schaut zusammen mit ihrem Sohn Tschastin »Frauentausch« auf RTL II, ist selten ohne Kippe und erst recht nicht ohne eine dicke Schicht Schminke anzutreffen. Eine Type, die dem Reality-TV, das sie regelmäßig konsumiert, entsprungen zu sein scheint.

Der Erfolg von Kai Twilfers Erstlingswerk ist leicht zu erklären: Der Sozialarbeiter Jochen, der mit seiner Normalität ein Paradebeispiel für eine Identifikationsfigur ist, trifft auf eine Welt, die er bislang in seinen kühnsten Träumen nicht für wahr hielt. Letztendlich entdeckt er, dass wir alle ein wenig Schantall in uns tragen. Und so drängte sich die Planung zur Fortsetzung, »Schantall, tu ma die Omma Prost sagen!«, quasi von alleine auf. Schließlich möchte Kai Twilfer die Geschichte des Lebens der Ruhrgebietsfamilie fortführen. »Im zweiten Band prallt Schantall auf die Welt der Reichen, der Upperclass«, sagt der »Lachbuchautor«, wie er sich selbst scherzhaft bezeichnet.

Dass Twilfer als Schriftsteller Geschichten niederschreibt, wundert diejenigen, die sich mit dem Lebensweg des Gelsenkircheners befassen, nicht. Sein beruflicher Werdegang ist von ständigen Entwicklungssprüngen geprägt. Schritten, die aufeinander aufbauen und doch oft unterschiedliche Richtungen verfolgen. Sein Wunsch nach dem Abitur war, auf eine der großen Filmhochschulen in Köln oder München zu gehen. Dafür zog er mit einem Freund in den 90er-Jahren durch das Ruhrgebiet und drehte kleine, humorvolle Filmchen. Zwar hatte er in dieser Zeit sehr viel Spaß, doch für eine Aufnahme bei einem der Institute reichte es nicht. »Vermutlich waren meine Arbeiten schon damals zu sehr Mainstream«, mutmaßt Twilfer, bei dessen Werken nicht der künstlerische Wert im Vordergrund stand. Sein Schaffen sollte viele Menschen ansprechen. Eingebracht hat ihm die intensive Beschäftigung mit der Filmbranche einige Anrufe einer Agentur, die Statisten für Film und Fernsehen suchte. Die Gelegenheit, bei mittleren und großen Produktionen mitzuspielen, wollte er sich nicht entgehen lassen. Ob für das Kino oder das Fernsehen, es waren immer zwei Rollen, auf die er festgelegt wurde. »Ich habe wahrscheinlich dieses Krankenpfleger- oder Reportergesicht«, erklärt er scherzhaft die Figuren, die er verkörperte. Während der Drehs lernte er die verschiedensten Typen und Charaktere kennen. Ein Umstand, der ihm später bei der Beschreibung seiner Buchfiguren half. Besonders das Zusammentreffen mit dem Held und »Easy Rider«-Darsteller Dennis Hopper beim Kinofilm »Straight Shooter« und die Zusammenarbeit mit Sönke Wortmann beim »Wunder von Bern«, wo er beim Endspiel einen Reporter mimte, sind in Erinnerung geblieben.

Um den theoretischen Lernstoff seines anschließenden Studiums der Wirtschaftswissenschaften in Bochum durch praktische Erfahrungen zu ergänzen, griff er auf seine reichen Kenntnisse über den Ruhrpott zurück. Diese inspirierten ihn zur Herstellung und zum Vertrieb

Ruhrgebietsgedöns

von Ruhrgebietsartikeln. Damit brachte der eingefleischte »Ruhri«, wie die Einwohner der Region sich ja gerne bezeichnen, seine persönliche Liebeserklärung an die Heimat zum Ausdruck. Zur Vorbereitung einer Postkartenkollektion begab er sich erneut auf die Suche nach typischen Motiven in der Gegend – dieses Mal mit einem Fotografen im Schlepptau. Um die Tradition des Potts hervorzuheben setzte er Bergmänner vor Objekten der Industriekultur in Szene. Die freundlichen »Kumpelkarten« seiner Firma »Industriekult« in Verbindung mit den für Twilfer typisch humorigen Sprüchen kamen an. Ruhris und Touris lachten über die zwei Jungs auf der Halde, die »Töfte Grüße ausm Ruhrpott« wünschen, und über den geschenkten Globus des kohlegeschwärzten Bergmanns »Für das töfteste Geburtstagskind vonne Welt«. Aus einer Bierlaune heraus entstand eines Tages die Karte »Schantall, tu ma die Omma winken!«. Eine Aussage, bei der sich in den Gesichtern der Menschen ein breites Grinsen festsetzte und sie lebhaft zu plaudern anfingen. Die Schantall-Karte wurde der absolute Verkaufsrenner. Immer öfter stellte sich Twilfer die Frage, warum gerade diese zusammengewürfelten Worte solche Emotionen auslösten. Das war der Startschuss für sein Buchprojekt.

Seit Anfang 2014 erobert der Autor die Comedy-Bühnen der Nation. Eine einfache Lesung mit Tisch und Wasserglas? Nichts für Kai Twilfer. Zwar hält er auch Veranstaltungen auf diese übliche Art und Weise ab, doch die Idee, enger mit dem Publikum zusammenzuarbeiten, beflügelte ihn zum Schritt ins neue Genre. Seine Tourneen führen ihn durch die gesamte Bundesrepublik. Selbst in Norddeutschland oder Bayern bricht das Publikum bei den irrwitzigen Storys aus dem

Leben der Pröllmanns in herzhafte Lachsalven aus. Bei den Gastauftritten in seiner Heimatstadt verwandelt er die Bühne des Kulturzentrums »KAUE« in das Wohnzimmer der Pröllmanns, bespickt mit urigen Möbelstücken. Er fläzt sich in einen Sessel Marke Gelsenkirchener Barock und drapiert eine sehr gewöhnungsbedürftig gemusterte Decke um sich. Seine Füße legt er auf einen goldfarbenen Würfel aus glänzendem Kunstleder. Hinter ihm brennt eine Lampe aus den 50er-Jahren. Bei seiner Eingangsfrage »Ist eine Chantal im Saal?« erntet er regelmäßig das erste Gelächter. Auf den Aufruf gemeldet hat sich bislang noch keine Dame. Was folgt, ist ein mit einer Lesung gespicktes Comedyprogramm. »Auf der Bühne bei ›Schantall tut LIVE!‹ bin ich sehr nah am Publikum, bekomme direktere Reaktionen«, erzählt Twilfer.

Das Zechenflair der ehemaligen Kaue des Steinkohlebergwerkes Zeche Wilhelmine Viktoria, die in den späten 70er-Jahren stillgelegt wurde, passt zu Twilfers Auftritt. 22 Jahre nach ihrer Schließung wurde sie zu einem lebendigen Veranstaltungsort der Industriekultur umgebaut. Der von der Gelsenkirchener-Stadtwerke-Tochter »emschertainment GmbH« betriebene Raum, der über 300 Sitz- oder 500 Stehplätze bietet, ist bei Twilfers Comedy-Events stets ausverkauft. Der Enddreißiger, der von seinem rasanten Erfolgsweg überrascht ist, sprüht vor Geistesblitzen. »Mein Traum wäre ein Fotoshooting mit 100 Chantals. Da sieht man die Vielfalt der Frauen, die so heißen«, meint der Autor. »Ich habe nämlich nichts gegen den Namen. Im Gegenteil: Alle Chantals sind mir lieb und herzlich willkommen.«

KAUE
WILHELMINENSTRASSE 176
45881 GELSENKIRCHEN
WWW.KAITWILFER.DE
WWW.EMSCHERTAINMENT.DE

Das Erbe des Helden des Universums
Thilo Pasch stemmt in der Almastraße Gewichte

Die Zuschauer im Saal sehen einen Mann auf der Bühne, dessen Körper die perfekten Maße eines Bodybuilders hat. Jeder seiner Muskeln ist definiert. Thilo Pasch nimmt immer wieder neue Posen ein, die seine austrainierte Figur zur Geltung bringen. Als ihm am Ende der Veranstaltung der Pokal des Gewinners »Mister Universum 2009« überreicht wird, ruft das Publikum seinen Namen. Diesen Moment des Glücks hält er fest, um ihn bei Bedarf abrufen zu können.

Es ist sein letzter Titel. Sechs Jahre dominierte er die Weltspitze. Jahre, in denen er die Höhen und Tiefen des Leistungssports kennenlernte. Sich ergeben war noch nie sein Ding. Als man ihm einst sagte, als Kraftdreikämpfer sei er zwar recht stark, aber zu schmal, um Bodybuilder zu werden, war dies der Beginn einer außerordentlichen Karriere. Später wies ihn jemand auf seine schlechte Ausdauer hin. Prompt trainierte er intensiv Marathon. Doch im Ausland gefeiert, in der Heimat nicht anerkannt – ein Schicksal, dem er sich nicht mehr unterwerfen will.

Bereits auf dem Nachhauseweg fasst Thilo Pasch den Plan, seinem Leben eine andere Richtung zu geben. Mit der Sicherheit eines gepachteten Reha- und Fitnesszentrums in der Almastraße und eines Jobs als Physiotherapeut und Trainer im Rücken wendet er sich dem Schreiben zu. Noch in derselben Nacht setzt er sich an seinen Computer. Im Ein-Finger-Such-System verfasst er den Anfang einer unglaublichen Geschichte. Kein Fachbuch über sein Steckenpferd, Ernährung und Training im sauberen »naturalen« Bodybuilding. Nein, er schreibt eine Fantasy-Saga mit dem passenden Namen »Heldensaga«. Drei Teile, jeder über 500 Seiten.

ALMA SPORTS
ALMASTRASSE 39
45886 GELSENKIRCHEN
WWW.ALMA-SPORTS.COM

Ein Lolli für Alex, das Grubenpferd
Alfred Konter erhält das Schrankenwärterhäuschen

Obwohl Alfred Konter 1988 in den Ruhestand getreten ist, fährt der ehemalige Schrankenwärter der Hugo-Bahn an jedem Wochenende mit dem Bus zu seinem alten Arbeitsplatz. Dass aus dem Gebäude mit angrenzendem Grundstück ein schmuckes Kleinod geworden ist, ist der Verdienst des 1927 geborenen Mannes mit dem Kämpferherz.

Mit Geschick verwandelte er den Garten in eine blühende Oase, mobilisierte für das Grab des letzten Grubenpferdes Alex einen Künstler, der dem Zossen einen Gedenkstein entwarf. Bei einer Verschönerungsaktion des Hauses strich Konter mit Kollegen die tristen Wände leuchtend weiß, deckte das Dach mit königsblauen Ziegeln. Und weil das Material Unsummen verschlang, gewann der Pfiffikus Sponsoren. Doch die Strecke nahe der Horster Straße war für Lokführer schlecht einzusehen. Die Hafen- und Zechenbahn Gladbeck befand den Kreuzungspunkt mit handbetriebener Schranke für zu gefährlich. Eine Modernisierung sollte für Sicherheit sorgen. Rationalisierung? Nicht mit Alfred Konter! Lohnkürzungen nahm er in Kauf, trotzte anrückenden Baggern, nutzte seine Kontakte zum Bergamt und leistete viel Überzeugungsarbeit. Als der Abriss verhindert wurde, konnte er seine Tränen nicht zurückhalten.

Mittlerweile steht die Schranke längst still. Nachdem 2000 das Ende des Kohleabbaus in der Zeche Hugo besiegelt war, entwickelte sich das heutige Industriedenkmal an der Horster Straße zum Anziehungspunkt für Touristen. Sie setzen sich zu »Don Alfredo«, wie ihn alle liebevoll nennen, lauschen seinen Geschichten aus dem Bergbau und von Kindern, die dem Grubenpferd einen Lolli brachten.

SCHRANKENWÄRTERHÄUSCHEN DER
HUGO-BAHN
HORSTER STRASSE 286
45897 GELSENKIRCHEN

Flüssiger Schleim als Modetrend
Sara und Joe Urbais entwerfen in der Bochumer Straße Mode

Das japanische Wort »Komorebi« lässt sich nicht einfach ins Deutsche übersetzen. Eine Umschreibung ist notwendig, um die eigentliche Bedeutung zu erklären: Licht, das durch die Baumblätter scheint. Die Schönheit dieser Lyrik veranlasste Sara und Joe Urbais, Designerinnen des Labels »URB-Clothing«, diesen und andere fremdsprachige Begriffe auf die von ihnen entworfenen Oberteile zu integrieren. Ihre Mode ist stets anders, provokant, nie langweilig – vor allem gemessen am Kleidungsstil des Ruhrgebiets.

Birgit Salutzki: Am Anfang war die Idee. Bereits Ihr erstes Produkt, die »Melting Tights« – Strumpfhosen, bei denen Tropfen am Bein herunterlaufen – lenkte den Blick der Fashionwelt auf Gelsenkirchen. Was hat Sie inspiriert?

Sara Urbais: Das war ein Experiment, eine kleine Idee, die wir ausprobierten und die klappte.

Joe Urbais: Wir registrierten einen entstehenden Trend, das war die Slime-Optik. Gleichzeitig besuchte ich an der Uni einen Workshop »Oberflächengestaltung«, bei dem das Material Latex vorkam. Mit flüssigem Latex-Slime konnte man eine Oberflächenstruktur auf Textilien bringen. Wir haben das Material mit Farbe vermischt und um das Bein herum auf eine Strumpfhose gespritzt, dann mit dem Fön getrocknet.

Zu welchem Zeitpunkt wussten Sie, dass Sie Außergewöhnliches geschaffen hatten?

Joe Urbais: Wir waren am Anfang noch unsicher, ob die Tights einzigartig sind. Nachdem der international bekannte Mode-Blogger Perez Hilton darüber schrieb, da wussten wir, sie waren wirklich neu und hip.

Wie kam es dazu, dass Perez Hilton über Ihr Produkt schrieb?

Joe Urbais: Wir unterhielten beide Blogs, auf denen wir unseren Klamottengeschmack Interessierten vorstellten, kannten uns in der Szene aus. Unser Produkt schickten wir an Blogger mit großer Reichweite. Die trugen es und zeigten es auf ihren Seiten. Im Internet verbreiten sich neue Styles schnell. Das Bild der »Melting Tights« hatte eine Stunde, nachdem

Exklusive Kleidung für Trendsetter

ich es eingestellt hatte, über 1.000 Klicks. Perez Hilton hat uns durch seine Scouts, die ständig nach neuen Strömungen suchen, gefunden.

Wenn man den ganzen Tag miteinander lebt und arbeitet, kommt es schnell zu Reibereien. Wie gehen Sie beide dem aus dem Weg?

Sara Urbais: Wenn es um Diskussionen geht, wird es geschwistermäßig. Arbeitstechnisch sehen wir über persönliche Differenzen weg. Es gibt nichts Schlimmeres, als einen Auftrag nicht zu bekommen, weil man sich vor dem Kunden streitet.

Amerika, Kanada, Asien – Ihre Mode ist weltweit bei Trendsettern gefragt. Unterscheiden sich die Kombinationen Ihrer Kreationen in den verschiedenen Ländern?

Sara Urbais: In den meisten Ländern richten sich die Käufer nach Vorbildern. Am mutigsten und am experimentierfreudigsten sind Asiaten.

Joe Urbais: Und sie sind viel konsumorientierter. Nicht in dem negativen Sinn, sie achten viel mehr auf ihr Äußeres. Läuft man in Korea mit einem Pickel herum, wird man gleich darauf angesprochen.

Sara Urbais: Während die Leute in Korea zur Arbeit fahren, haben sie eine Feuchtigkeitsmaske auf dem Gesicht. Sie schminken sich unterwegs, damit sie perfekt auf der Arbeit ankommen. Überall in den U-Bahn-Schächten hängt Werbung für plastische Chirurgie.

Joe Urbais: Durch die Musikrichtung »K-Pop« guckt ganz Asien nach Korea, und die sind in vielerlei Hinsicht Vorbild. Alle in Asien wollen sein wie die Künstler, die durch ihre Choreografien, durch freakige Klamotten und ein puppiges Schönheitsideal auffallen.

Sie starteten für die Eröffnung Ihres Showrooms in der Alten Apotheke auf der Bochumer Straße ein großes Modelcasting auf Facebook. Welche Kriterien mussten die Bewerber erfüllen?

Sara Urbais: Bei diesem Termin ging es darum, unsere aktuelle Kollektion Bloggern, Einkäufern und der Presse vorzustellen. Menschen mit außergewöhnlichen Gesichtszügen merkt man sich am besten. Das macht in Verbindung mit unseren Klamotten mehr Sinn.

Joe Urbais: Ansonsten muss man schauen: Wofür brauche ich das Model? Es gibt Gesichtszüge, die schön sind, allgemeine Schönheitsideale. Die Maße müssen stimmen, da die Teile in einer bestimmten Größe gefertigt werden. Die Modelle müssen das Ideal verkörpern. Schließlich gibt es unterschiedliche Typen je nach Zielgruppe, die man ansprechen will.

Längst ist das Probejahr, das sich die Geschwister Urbais zubilligten, vorüber. Ihr Weg in der Modewelt führt steil nach oben. Ein Angebot, bei der Pro-Sieben-Castingshow »Fashion-Hero« teilzunehmen, schlugen die beiden aus. Sie sehen sich nicht als Kaufhausdesigner, produzieren keine Massenware. Lieber bleiben sie sich treu und entwickeln ihr Label weiter, mit dem sie einen Hauch von asiatischem Lifestyle nach Gelsenkirchen bringen.

URB-CLOTHING
BOCHUMER STRASSE 74
45886 GELSENKIRCHEN
WWW.URB-CLOTHING.COM

Wer in der Wilhelminenstraße, mitten im Herzen Schalkes geboren ist, dem muss die Liebe zum Fußballverein einfach in die Wiege gelegt sein. Wie viele seiner Freude aus dem Viertel besucht Rolf Rojek als junger Steppke in jeder freien Minute die »Glück-auf-Kampfbahn«, um den Ballkünstler Reinhard »Stan« Libuda mit einer selbst genähten Fahne zum Sieg zu wehen. Seine enge Verbundenheit zum FC Schalke 04 machte ihn später zum Bindeglied zwischen Vereinsführung und Fans, die ihn zum Leiter des Schalker Fanclub-Verbandes (SFCV) wählten. Ein Amt, das er 32 Jahre lang ausübte.

Als er Ende der 90er-Jahre eine Anfrage des Regisseurs Tomy Wigand zur Mitarbeit bei einem Filmprojekt erhielt, sagte Rojek spontan zu. Die kultige Komödie »Fußball ist unser Leben« beleuchtet den außergewöhnlichen Zusammenhalt der Anhänger des Gelsenkirchener Bundesligisten. Stars wie Uwe Ochsenknecht und Ralf Richter spielen in der Komödie rund um die Entführung des kokainsüchtigen Stürmers Dios mit. Für die Story, bei der Protagonist Hans durch eine verrückte Wette von einer Katastrophe zur nächsten steuert, suchte das Filmteam Komparsen, die einen authentischen Rahmen setzen konnten.

Der »Oberfan« Rojek, der selbst seine Hochzeit nach dem Spielplan der Blau-Weißen ausgerichtet hat, setzte die Mitglieder des SFCV perfekt in Szene: vom Treffen in der Kneipe »Auf Schalke« bis zum Mitfiebern im Stadion – die Kumpels waren überall dabei. Selbst in der Komödie mitspielen, mochte Rojek nicht, doch ein Teil von ihm war bei der Premiere im »Schauburg Filmpalast« dennoch präsent: Uwe Ochsenknecht alias Hans trug Rojeks über und über mit Emblemen versehene Kutte.

FANKNEIPE »AUF SCHALKE«
UECHTINGSTRASSE/ECKE JOSEFINENSTRASSE
45881 GELSENKIRCHEN

Ein Gefühl, als ginge die Welt unter

Jenny Canales stellt in der Galerie »Kunst in der City« aus

Hoch in den Himmel ragen die Steinskulpturen, die von den Einwohnern der Osterinsel »Moai« genannt werden. Gefertigt von Menschenhand, ranken sich um die Kolosse viele mystische Geschichten. Als die Künstlerin Jenny Canales zu einer Studienreise zum Eiland aufbrach, lebte die gebürtige Chilenin schon lange in Deutschland. Fotoapparat und Zeichenblock stets bei sich, wanderte sie über die rote Erde und hielt ihre Eindrücke fest. Vor allem die Schrift der Osterinsel, »Rongorongo«, faszinierte sie. Der Sinn der mit Lautzeichen ergänzten Bilderschrift ergründet sich durch Spiegeln einzelner Zeilen, Drehen der Schreibtafeln und gegenläufiges Lesen – nichts für Ungeübte. Canales inspirierten die grafischen Symbole.

»Ich gab den Steinen und Zeichen Farbe, habe ihnen Leben eingehaucht«, erklärt die temperamentvolle Frau ihre ausdrucksvollen Kunstwerke, die von ihren Erfahrungen auf der Osterinsel angeregt wurden. Wer ihre Bilder aus dieser Zeit betrachten will, muss nach London, Chile oder Spanien fahren, wo ihre Sammlungen ausgestellt werden. Besucht man Canales in ihrer Gelsenkirchener Galerie »Kunst in der City«, kann man bei einer Tasse Kaffee ihrem Reisebericht lauschen und lässt sich Erinnerungen zeigen. Das Atelier ist durch die jahrelange Förderung der Chilenin zu einem Treffpunkt für Künstler und Autoren geworden.

Ob sie heute noch einmal zur Osterinsel reisen würde? »Natürlich. Die Zeit, die ich dort verbracht habe, war viel zu kurz«, resümiert Jenny Canales. »Obwohl man bei den regelmäßigen Gewittern das Gefühl bekommt, die Welt gehe unter.«

GALERIE KUNST IN DER CITY
WEBERSTRASSE 64
45879 GELSENKIRCHEN
WWW.LITERARIA-LIGG.DE

800 Füße tanzen

Diana Miebach organisiert in der Ottestraße

An diesem Abend im Frühjahr 2014 strömen die Menschen in die Mathias-Jakobs-Stadthalle in Gladbeck. Eine Gruppe junger Mädchen drängt auf die vorderen Plätze. Aufgeregt erzählen sie vom Workshop »Vogue & Wacking« des russischen Trainers Radig Badalov. Der erfahrene Choreograf und Sieger internationaler Meisterschaften brachte ihnen am Nachmittag neue Tanzschritte bei.

»Wisst ihr, dass sich heute Scouts vom Fernsehen die Auftritte ansehen? Sie sind auf der Suche nach talentierten Tanzgruppen«, wispert ein blondes Mädchen.

»Vom Fernsehen? Wow, welche Sendung?«, hakt seine Freundin nach.

»Dieter Bohlens ›Supertalent‹!«

Während sie sich leise über die vielen Aktivitäten des 25.»Up to dance Festivals« unterhalten, rückt das Finale des Events näher.

Diana Miebach, künstlerische Leiterin der »Silver Edition«, wie die zweitägige Kulturveranstaltung 2014 angekündigt wurde, sitzt in einer der ersten Reihen und lässt die Atmosphäre auf sich wirken. Sie begrüßt Tanzcombos, die soeben in der »Start-Up-Show« als »Newcomer« und »Local heroes« ihr Können demonstriert haben. Eltern und Freunde der Talente, die zur Unterstützung mitgekommen sind, nehmen ebenfalls im Publikum Platz. Alle warten auf den Beginn der Gala, die an diesem Abend zum 25-jährigen Jubiläum des Tanznetzwerks »Up to dance« stattfinden soll.

Das Gemurmel im Saal wird leiser, die letzten Gäste nehmen ihre Plätze ein. Aufmerksame Zuschauer hören ein Flüstern aus dem Showroom hinter der Bühne. Ob noch letzte Anweisungen gegeben werden? Dann öffnet sich mit einem Mal der Vorhang. Arnd Wende, der das Spektakel an der Seite von Diana Miebach fast von der ersten Stunde an mit entwickelt hat, betritt das Podium, um die erste Nummer anzukündigen. Während er souverän mit Charme durch den Abend führt, merkt man seiner Kollegin im Saal die Anspannung an.

Fantasievolle Kostüme und magische Tänze auf dem »Up to Dance Festival«

Die Inszenierung bestimmt seit Monaten den Tagesablauf der Gelsenkirchenerin. Als künstlerische Leiterin ist sie für Zusammenstellung des Programms verantwortlich. Kaum jemand ahnt, wie viel Vorbereitung dahintersteckt. Großes Organisationsgeschick erfordert vor allem das Arrangement des Castings für die Show, bei dem Künstler aus verschiedenen Nationen ihre Performances vorführen. Nur die Besten dürfen ihre mitreißenden Choreografien im Hauptprogramm präsentieren.

Von ihrem Platz aus sieht die Planerin, wie ihr Konzept aufgeht und die Massen begeistert. Tänzer, deren Muskeln bis in die Zehen gespannt sind, schweben federleicht über die Holzbretter. Anmutige Körper präsentieren Tanzkünste zu kraftvollen Klängen, mit ausgefeilten Schrittkombinationen, Drehungen und Sprüngen. Berauschende Kostüme, eng und aufreizend, in schillernder Farbenpracht oder betont lässigem Stil unterstreichen die rhythmischen Bewegungen.

Doch bis Miebachs Engagement auf solch große öffentliche Resonanz stieß wie an diesem Abend, vergingen einige Jahre. Ende der 8oer-Jahre versammelte sie Showtanzgruppen aus der Region, um ihnen eine Auftrittsmöglichkeit zu geben. Diese seltene Chance sprach sich in der Szene schnell herum. Ihr Tanznetzwerk »Up to dance« wuchs stetig, Miebach entwickelte sich zur Ansprechpartnerin für Künstler. Um dem Projekt einen professionellen Anstrich zu geben, studierte die gelernte Industriekauffrau Betriebswirtschaft, unter anderem mit dem Schwerpunkt Kultur-, Medien- und Freizeitmanagement. Damit war der Grundstein für den Erfolg gelegt. Heute verfügt »Up to dance« über Kontakte zu mehreren Tausend Akteuren rund um den Globus. Längst haben sich die jährlichen Festivals über zwei Tage ausgeweitet, neben zwei Aufführungen wird ein umfangreiches Workshop-Programm angeboten, das sich von »Lyrical Jazz« bis hin zu »Videoclip-Dance« erstreckt. Jedes Mal, wenn sich im Ruhrgebiet Menschen zu Musik bewegen, ist Miebach nicht weit. Neben Events wie »Hoppe-Tosse« für Kinder und Jugendliche und dem verführerisch exotischen Festival »Im Zeichen des Orients« organisiert sie regelmäßig ein tänzerisches Feuerwerk auf der »ExtraSchicht«. Sie übernahm bereits die künstlerische Leitung der »Duisburger Tanztage« und arbeitet in der Reihe »Tanzspektrum« mit professionellen Kompanien.

Nachdem sich an diesem Abend der letzte Act seinen verdienten Applaus abgeholt hat, ruft der Moderator alle Mitwirkenden nach vorne. Immerhin stehen dort 800 Beine – teilweise verschwitzt und zitternd vor Anstrengung. Die Tanzgruppen haben ihre bis zu zehn Minuten langen Auftritte bestmöglich genutzt. Langsam fällt die Spannung ab. Zum Schluss bittet Arnd Wende seine Partnerin zu sich auf die Bühne. Ihre schmale Gestalt und der federnde Gang lassen die Figur einer Tänzerin erkennen. Endlich kann sie befreit lachen. Auch das 25. »Up to dance Festivals« war ein voller Erfolg!

UP TO DANCE
OTTESTRASSE 17
45896 GELSENKIRCHEN
WWW.UPTODANCE.JIMDO.COM

Manche werden durch eine einzige Heldentat unsterblich. Andere bleiben durch viele prägende Geschichten den Menschen in Erinnerung. Der ehemalige Mannschaftsbetreuer des FC Schalke 04 Charly Neumann war so jemand, mit dem sich zahlreiche Gelsenkirchener bis heute persönlich verbunden fühlen.

In jeder freien Minute unterstützte der gelernte Bäcker und Besitzer mehrerer Restaurants seinen Verein. Vor jedem Spiel zündete er eine Kerze in der Kirche an und bat um Hilfe von oben. Errang seine geliebte Elf den erhofften Sieg, weinte er vor Freunde. Verlor sie, vergoss er Tränen der Trauer. Legendär ist auch seine enge Beziehung zu den Schalke-Fans. Drückte jemandem der Schuh, war das Geld knapp, verschenkte er Eintrittskarten zum Spiel. »Charly war ein Charmeur und Lebemann, der alles für den Verein gegeben hat«, erzählt einer seiner treuesten Anhänger, Trompeten-Willy. »Manche seiner Aktionen waren verrückt!«

Wie die am Tag des Bundesligaaufstiegs. Für Charly, der vor Emotionen überkochte, ein Freudentag sondergleichen. Nach dem entscheidenden Spiel feierte er mit seinen Kumpels in seiner am Hauptbahnhof gelegenen Kneipe »Charly's Bummelzug«. Nach drei oder vier Bierchen setzte sich eine Idee in seinem Kopf fest. Aus dem Hinterzimmer holte er Eimer mit Farbe – blau und weiß, wie es sich für einen Schalker geziemt – und verteilte Pinsel. Wenig später strichen die Mannen den Bürgersteig vor dem »BahnhofsCenter« großflächig an, um ihrem Jubel über den Aufstieg Ausdruck zu verleihen. Dass »die Grünen« ihn wegen der Ordnungswidrigkeit abführten, störte ihn wenig. Eine dieser Geschichten, die seinen Kultstatus prägten.

BAHNHOFSCENTER GELSENKIRCHEN
BAHNHOFSVORPLATZ 5
45879 GELSENKIRCHEN

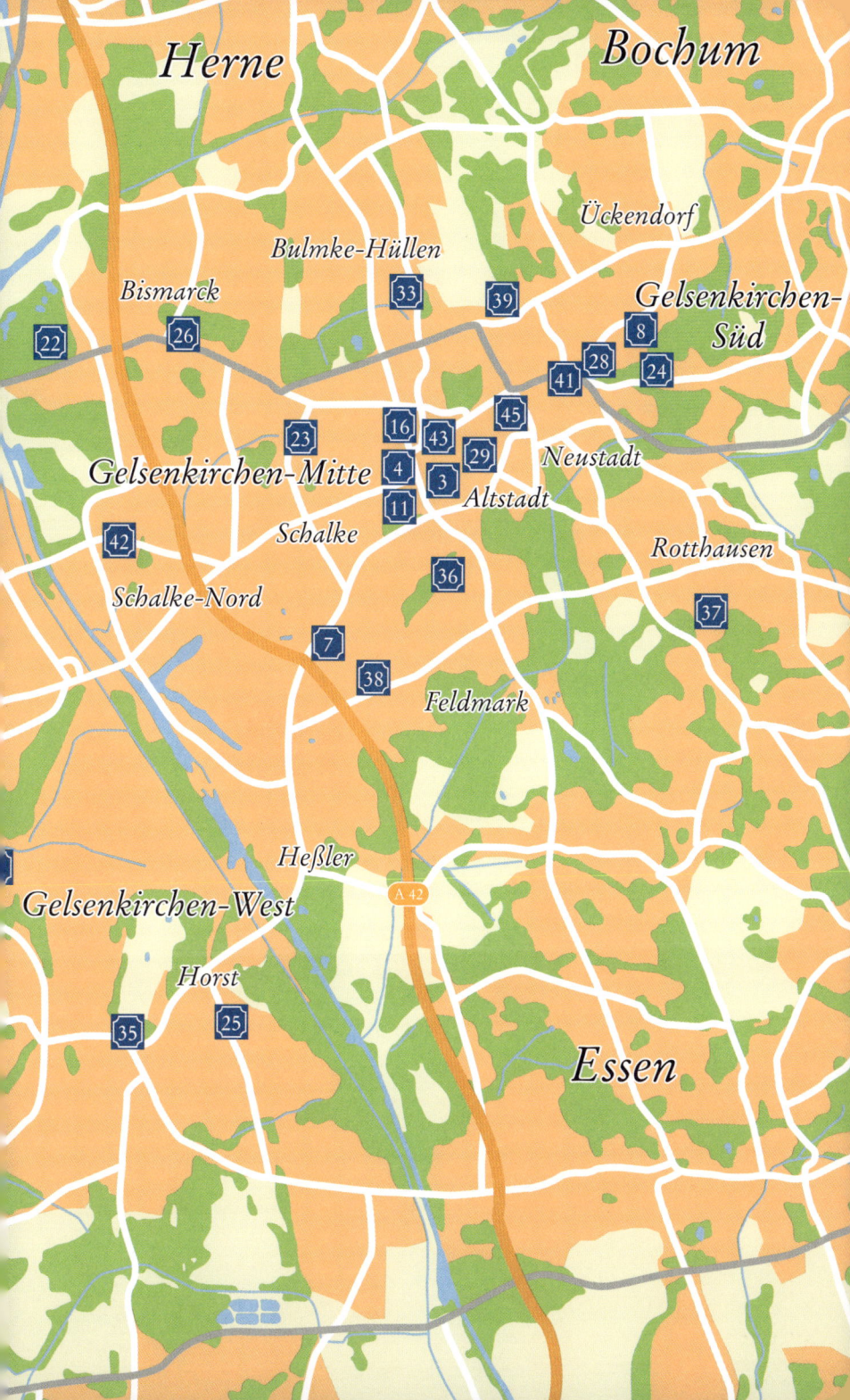

Bildverzeichnis

Sofern hier nicht erwähnt, stammen alle Bilder von Birgit Salutzki.

Innenseiten:

Christian Nielinger, mit freundl. Genehm. von Ruhr Tourismus GmbH 8, 108, 109; Karsten Rabas, mit freundl. Genehm. des FC Schalke 04 12, 15, 128, 130, 131; Herbig-Verlag 14; Birgit Salutzki, mit freundl. Genehm. von Detlef Lauster 17; Stadt Gelsenkirchen 18, 146; Franz Weiß, mit freundl. Genehm. der Stadt Gelsenkirchen 20; Caroline Seidel, mit freundl. Genehm. der Stadt Gelsenkirchen 21; privat, mit freundl. Genehm. von Sabine Krischak 24; Birgit Salutzki, mit freundl. Genehm. des Schauburg Filmpalast 26, 28, 30, 31; Nachlik Photography 32, 34; privat, mit freundl. Genehm. von André Bergermann 36; Peter Kupries, mit freundl. Genehm. des VfL Gladbeck 38, 40; mit freundl. Genehm. der McFit GmbH 41; privat 44; mit freundl. Genehm. der emschertainment GmbH 46; Michael Rose, mit freundl. Genehm. von Radio Emscher Lippe 48; mit freundl. Genehm. von Radio Emscher Lippe 50; Musa Arsoy, mit freundl. Genehm. von EKIP IntegraM 56; mit freundl. Genehm. des Courtyard by Marriott Gelsenkirchen 57; Eroll Popova 58; Birgit Salutzki, mit freundl. Genehm. von Francesco Pianeta 60; privat, mit freundl. Genehm. von Evelyn Krick 64; Alexander Somogyi, mit freundl. Genehm. von HG.Butzko 72; Birgit Salutzki, mit freundl. Genehm. von Carlo Philippi 76; Birgit Salutzki, mit freundl. Genehm. von Lüttinghof_Die Burg im Wasser 78; privat 80; Tanja Bern, mit freundl. Genehm. des Oldigor-Verlags 84; privat, mit freundl. Genehm. von Christian Nienhaus 86, 88, 90, 91; Moritz Brilo, mit freundl. Genehm. von Björn Freitag 92; Birgit Salutzki, mit freundl. Genehm. von Schalke 04 und medicos.AufSchalke Reha Verwaltung GmbH 93; Birgit Salutzki, mit freundl. Genehm. der ZOOM Erlebniswelt Gelsenkirchen 94, 99; mit freundl. Genehm. der ZOOM Erlebniswelt Gelsenkirchen 96; dpa Roland Weihrauch, mit freundl. Genehm. der ZOOM Erlebniswelt Gelsenkirchen 98; Birgit Salutzki, mit freundl. Genehm. von Zeitlupe GmbH 102, 104; Apfeld, mit freundl. Genehm. des Referats Kultur der Stadt Gelsenkirchen 110; mit freundl. Genehm. des Polizeipräsidiums Gelsenkirchen 112, 114, 116, 117; cryptovision 118, 120; Klaus Herzmanatus, mit freundl. Genehm. von Maegie Koreen 122; Gerd Kaemper 124; privat, mit freundl. Genehm. des Atelier Klinger 132; Birgit Salutzki, mit freundl. Genehm. des Atelier Klinger 133; Birgit Salutzki, mit freundl. Genehm. Gesamtschule Berger Feld 134, 136, 138, 139; privat, mit freundl. Genehm. von Olaf Scholz 140, 142; Birgit Salutzki, mit freundl. Genehm. von Olaf Scholz 143; privat 144; Franz Weiß, mit freundl. Genehm. der Stadt Gelsenkirchen 147; Birgit Salutzki, mit freundl. Genehm. von Schloss Horst 148, 149; K. Dannenberg 150, 152; privat 154; privat, mit freundl. Genehm. der evangelischen Kirchengemeinde Rotthausen 155; Dirk Scussel 156; Birgit Salutzki, mit freundl. Genehm. der Industriekult GmbH 160; Birgit Salutzki, mit freundl. Genehm. von Alma Sports 162, 163; privat, mit freundl. Genehm. von Alma Sports 162; Birgit Salutzki, mit freundl. Genehm. von URB-Clothing 166, 168; Birgit Salutzki, mit freundl. Genehm. von Atelier Kunst in der City 172; Erhard Dauber, mit freundl. Genehm. von Up to Dance 176; Birgit Salutzki, mit freundl. Genehm. von Up to Dance 177; FC Schalke 04 178

Umschlag:
Maegie Koreen: Klaus Herzmanatus, mit freundl. Genehm. von Maegie Koreen; Frank Baranowski: Stadt Gelsenkirchen; Sara und Joe Urbais: Roland Richter; Gerald Asamoah: Birgit Salutzki, mit freundl. Genehm. des FC Schalke 04; Björn Freitag: Moritz Brilo, mit freundl. Genehm. von Björn Freitag; Christian Nienhaus: privat, mit freundl. Genehm. von Christian Nienhaus; Corinna Schröder: Radio Emscher Lippe; ZOOM Erlebniswelt Gelsenkirchen: mit freundl. Genehm. der ZOOM Erlebniswelt Gelsenkirchen; Francesco Pianeta: Eroll Popova

Lieber Leser, wenn Sie ein Feedback zum Buch geben möchten, bitte schreiben Sie uns! Autor und Verlag freuen sich über Ihre Rückmeldung.
stadtgespraeche@gmeiner-verlag.de

MARGIT KRUSE
Hochzeitsglocken
....
978-3-8392-1601-9 (Paperback)
978-3-8392-4491-3 (pdf)
978-3-8392-4490-6 (epub)

»Der Schein trügt!«

Margareta Sommerfeld ist genervt: Sie hat sich von ihrer Mutter zu einer Kaffeefahrt überreden lassen. Nun sitzt sie in dem mit euphorisierten Rentnern gefüllten Bus und senkt den Altersdurchschnitt. Aber sie ist nicht allein: Der Schönling Simon von Brehden passt auch nicht so recht in die lustige Reisegesellschaft. Margareta ist sichtlich angetan von ihm, doch bevor sie sich näherkommen können, entdeckt sie seinen Leichnam im Heizungskeller seiner Villa …

MIKE STEINHAUSEN

Schlagwetter

978-3-8392-1617-0 (Paperback)
978-3-8392-4521-7 (pdf)
978-3-8392-4520-0 (epub)

»Ein Ruhrpottkrimi aus dem tiefsten Westen«

Im Essener Norden fallen Sperlinge tot vom Himmel. Kurz darauf sackt eine Straße ein. Während die Behörden eine Schlagwetterexplosion vermuten, gerät der Ex-Bulle Robert Kettner nach einer zufälligen Begegnung ins Visier russischer Agenten. Unter Mordverdacht stehend, gejagt vom Feind und der Polizei, führen ihn seine Ermittlungen auf die Spur eines perfiden Plans: Ein Attentat auf die Zeche Zollverein.

SPANNUNG

GMEINER

WWW.GMEINER-VERLAG.DE
Wir machen's spannend

»66 Lieblingsplätze«

für Einheimische, Besucher und Neugierige

Von einsamen Winkeln im Münsterland bis zu angesagten Bars in Berlin, Frankfurt und München. Von Expeditionen ins Wattenmeer bis zum Watzmann. Von südlichem Bozner Flair bis zu nordischer Frische auf Rügen, Sylt und in St. Peter-Ording: Lernen Sie die *Vielfalt Deutschlands, Österreichs, der Schweiz und Italiens* mit den Lieblingsplätzen kennen.

Unsere Novitäten

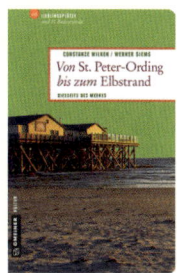

978-3-8392-1710-8

978-3-8392-1708-5

978-3-8392-1704-7

978-3-8392-1703-0

978-3-8392-1705-4

978-3-8392-1707-8

978-3-8392-1706-1

978-3-8392-1709-2

Mit Stadtporträts die **Heimat** neu entdecken!

Was macht eine Stadt aus? Die Architektur? Die Sehenswürdigkeiten? Nein, es sind die Menschen, die einer Stadt ihr Gesicht verleihen und sie zu dem machen, was sie ist. Unsere Stadtgespräche stellen diese Menschen und ihre Geschichten in Bild und Wort vor. Originale und Prominente erzählen ebenso wie Leute von nebenan Anekdoten, Kurioses und Überraschendes aus ihrer Heimat. Aus den vielen persönlichen Mosaiksteinchen entsteht ein einzigartiges Porträt der Stadt – bunt, lebendig und menschlich.

Mit **Stadtporträts** die **Heimat** neu entdecken!

ITZEHOE ELMSHORN HAMBURG NEUKÖLLN
GELSENKIRCHEN LEIPZIG DRESDEN
FRANKFURT A.M. ERLANGEN NÜRNBERG KARLSRUHE
ROTTENBURG A.N. BALINGEN MEMMINGEN
KEMPTEN MÜNCHEN ROSENHEIM WIEN

WWW.GMEINER-VERLAG.DE

Mensch, Kultur, Region

GMEINER KULTUR